Schöningh

EinFach Religion

Interpretationen
Unterrichtsmodell



# Trost und Schöpfung

## Gen 1,1 – 2,4a

Erarbeitet von
Irmgard Alkemeier
Marcus Hoffmann

Herausgegeben von
Volker Garske
Hermann-Josef Vogt

8. – 11. Schuljahr

## Bildnachweis

**14, 24, 31, 35, 78, 80ff.** (Lernthekensymbol), **90:** Marcus Hoffmann – **30, 57, 100:** Irmgard Alkemeier – **41:** © epd-bild/Boston University Photo Services – **44:** themoderncanvas – © 123RF.com – **47:** picture alliance/Rolf Haid – **48, 87:** picture alliance/dpa – **49:** Westend61/Maartje van Caspel – **52:** fotolia.com/Foto: Maksim Smasiuk – **54:** Foto: Georg Langenhorst – **63:** © Raimond Spekking via Wikimedia Commons – **71 li.:** foto.fritz – © pitopia – **71 Mi.:** Anja Roesnick – © pitopia – **71 re.:** fotolia.com – **74:** Georgelazenby via Widimedia Commons – **75, 93:** user:Rmashhadi via Wikimedia Commons – **81, 82:** © The Munch Museum/The Munch Ellingsen Group/VG Bild-Kunst, Bonn 2014 – **85:** Picture-Alliance GmbH – **86:** © VG Bild-Kunst, Bonn 2014 © Udo Mathee: Leid/ Light, 1999, Kabinettscheibe 45 x 45 cm, Ausführung Glasmalerei Peters Paderborn, aus der Ausstellung „Auf der Suche nach dem Licht der Welt", VG Bild-Kunst, Bonn 2013/Grafische Bearbeitung durch Franz-Josef Domke, Hannover – **91:** Aus: O. Keel: Die Welt der altorientalischen Bildsymbolik und das Alte Testament. Köln 1980, 50 – **95, 96:** Juli Gudehus – **101:** Bundesministerium für Finanzen/Grafik: Klein und Neumann Kommunikationsdesign, Grafische Bearbeitung Franz-Josef Domke, Hannover – **103:** akg-images



www.schoeningh-schulbuch.de
Schöningh Verlag, Jühenplatz 1–3, 33098 Paderborn



Druck 5 4 3 2 1 / Jahr 2018 17 16 15 14
Die letzte Zahl bezeichnet das Jahr dieses Druckes.

Umschlaggestaltung: Jennifer Kirchhof
Grafiken: Franz-Josef Domke, Hannover
Druck und Bindung: westermann druck GmbH, Braunschweig

ISBN 978-3-14-053608-0

# Trost und Schöpfung (Gen 1,1–2,4a)

**Leistungsüberprüfung**

**Baustein 9** Vorschläge zur Leistungsüberprüfung — S. 97–103
- Selbsteinschätzungsbogen
- E. Zenger. Die Schöpfungserzählung
- Dt. Bischofskonferenz. Kreationismus
- E. Bendemann. Trauernde Juden im Exil

↑

**Vertiefung und Sicherung**

**Baustein 8** Lerntheke – Trost und Schöpfung: vertiefen, sichern, weiterdenken — S. 77–96
- E. Munch. Der Schrei
- D. Bonhoeffer. Von guten Mächten wunderbar geborgen
- U. Mathee. Light/Leid
- N. Ruge. Alles wird gut
- J. Gudehus. Die Schöpfungserzählung in Icons

↑

**Erarbeitung 2**

**Baustein 5** — S. 55–66
Trostlose Zeiten – die Juden im Babylonischen Exil

**Baustein 6** — S. 67–71
Gen 1,1–2,4a – eine Trost- und Hoffnungserzählung

**Baustein 7** — S. 72–76
Genesis – neue Sicht auf Gott und Mensch

↑

**Vertiefung**

**Baustein 4** Andere trösten, aber richtig! – Einen Trostflyer erstellen — S. 49–54

↑

**Erarbeitung 1**

**Baustein 2** Trost finden – die eigene Wirklichkeit neu deuten — S. 36–44

**Baustein 3** Sinnverlust und Sinnfindung — S. 45–48
- W. Schmid. Trost aus psychologischer Sicht
- H. Grönemeyer. Interview zum Tod der Frau

↑

**Hinführung**

**Baustein 1** Trösten heute – meine Erfahrungen mit Trost — S. 26–35

↑

**Interpretationen**

**Interpretationen** Gen 1,1–2,4a: Trost und Schöpfung — S. 15–25

# Inhaltsverzeichnis



Ziele

- didaktisches, methodisches Problembewusstsein entwickeln
- Ansprüche einer kompetenzorientierten Didaktik vertiefen
- exegetisches Fachwissen zu Gen 1,1–2,4a erweitern
- einen Neuzugang zu Gen 1,1–2,4a kennenlernen und sich dessen Stärken bewusst werden

Methoden

- Historisch-kritische Exegese

## Baustein 1: Trösten heute – meine Erfahrungen mit Trost 26

### Themen

- Eigene Erfahrungen und Einschätzungen zum Trösten und Getröstetwerden und die Vielfalt des Tröstens

### Medien



### Ziele

- eigene Einstellungen und Erfahrungen zum Trösten zur Sprache bringen und reflektieren
- die Vielgestaltigkeit des Tröstens erfassen und eine erste Systematisierung vornehmen
- eigene Thesen und mögliche Verhaltensweisen für gelingendes Trösten entwickeln
- erläutern, inwiefern Trost als Beziehungsgeschehen nicht nach einem ‚Patentrezept' gelingt, sondern ein individueller Vorgang ist
- eigene Fragen für die Weiterarbeit entwickeln

### Methoden

- Fragebogen
- Assoziatives, erfahrungsorientiertes Gespräch
- Selbstreflektierendes Schreiben

## Baustein 2: Trost finden – die eigene Wirklichkeit neu deuten 36

### Themen

- Trost als Phänomen der Wirklichkeitswahrnehmung und die Frage nach der transzendenten Dimension des Tröstens

### Medien



### Ziele

- Trost als ein vorrangig psychisches Konstrukt (Wirklichkeitsdeutung) identifizieren und an Beispielen konkretisieren
- sich in eine Trostsituation (Eltern – Kind) hineinversetzen
- die Zusage ‚Alles wird gut!' im Hinblick auf Wahrheit untersuchen
- sich mit dem Zusammenhang zwischen Trost und transzendenter Hoffnung auseinandersetzen

## Baustein 8: Lerntheke – Trost und Schöpfung: vertiefen, sichern, weiterdenken 77

### Themen

- Trost gestern und heute – eigenständige Auseinandersetzung mit verschiedenen Stationen einer Lerntheke

### Medien



### Ziele

- das bisher erworbene Wissen zu Trost und Schöpfung (Gen 1,1–2,4a) wiederholen, sichern und vertiefen
- leistungs- und lerntypenadäquate sowie interessendifferenzierte Aufgabenstellungen und Materialien eigenständig bearbeiten

### Methoden

- Freiarbeit – Lerntheke
- Kreative Arbeit mit Kunstwerken, Collagen, Fotos, Schreibaufträgen
- Textanalysen

## Baustein 9: Vorschläge zur Leistungsüberprüfung 97

### Themen

- Selbstevaluation
- Trösten nach Schicksalsschlägen

### Medien

## Ziele

- das eigene Leistungsvermögen und Wissen selbstkritisch einschätzen und überprüfen
- zu einer Interpretation der Schöpfungserzählung als ‚naturwissenschaftlichem Schöpfungsbericht' kritisch Stellung nehmen
- zu einer kreationistisch-fundamentalistischen Position kritisch Stellung nehmen
- einen Wissenstransfer auf neue Anforderungssituationen durchführen

## Methoden

- Selbstevaluation
- Bildanalyse u. a. Guckloch-Methode, Kontexterschließung
- Textarbeit

Die Unterrichtsreihe bezieht sich auf folgende **Inhaltsfelder** und **konkretisierte Kompetenzerwartungen** am Ende von Klasse 9 am Beispiel des Kernlehrplans für das Gymnasium – Sekundarstufe I in Nordrhein-Westfalen, 2012:

### Inhaltsfeld 2: Sprechen von und mit Gott

- Biblische Gottesbilder
- Gottesglaube angesichts von Zweifel, Bestreitung und Indifferenz

**Sachkompetenz:** Die Schüler
- erläutern Gottesbilder des Alten und Neuen Testaments als Ausdruck unterschiedlicher Glaubenserfahrungen und Weltdeutung,
- erläutern existentielle und weltanschauliche Anfragen an den Gottesglauben,

**Urteilskompetenz:** Die Schüler
- beurteilen die Aussageabsicht und Angemessenheit unterschiedlicher Gottesvorstellungen.

### Inhaltsfeld 3: Bibel als „Urkunde“ des Glaubens an Gott

- Entstehung und Sprachformen biblischer Texte
- Erzählungen der Bibel als gedeutete Glaubenserfahrungen

**Sachkompetenz:** Die Schüler
- erläutern, wie die Berücksichtigung des Entstehungskontextes und der Textgattung zum Verständnis der biblischen Texte beiträgt,
- deuten biblische Schöpfungstexte als Glaubenszeugnisse.

**Urteilskompetenz:** Die Schüler
- bewerten ausgewählte, fundamentalistische Deutungen biblischer Aussagen

### Inhaltsfeld 6: Weltreligionen und andere Wege der Sinn- und Heilssuche

- Religionen als Wege der Heilssuche
- Zeitgenössische Sinn- und Heilsangebote

**Sachkompetenz:** Die Schüler
- legen zentrale Gemeinsamkeiten und Unterschiede des Selbst- und Weltverständnisses in den Weltreligionen dar.

**Urteilskompetenz:** Die Schüler
- bewerten religiöse Vorurteile und fundamentalistische Positionen.

Die Unterrichtsreihe bezieht sich auf folgende **Inhaltsfelder** und **konkretisierte Kompetenzerwartungen** am Ende der Einführungsphase am Beispiel des Kernlehrplans für das Gymnasium/die Gesamtschule – Sekundarstufe II in Nordrhein-Westfalen, 2013

**Inhaltsfeld 1: Der Mensch in christlicher Perspektive**
- **Der Mensch als Geschöpf und Ebenbild Gottes**

**Sachkompetenz**: Die Schüler
- identifizieren religiöse Spuren und Ausdrucksformen (Symbole, Riten, Mythen, Räume, Zeiten) in der Lebenswelt und deuten sie,
- deuten eigene religiöse Vorstellungen in der Auseinandersetzung mit Film, Musik, Literatur oder Kunst,
- erläutern Charakteristika des christlichen Menschenbildes und grenzen es von kontrastierenden Bildern vom Menschen ab.

**Urteilskompetenz**: Die Schüler
- erörtern Konsequenzen, die sich aus der Vorstellung von der Gottesebenbildlichkeit des Menschen ergeben.

**Inhaltsfeld 2: Christliche Antworten auf die Gottesfrage**
- **Das Verhältnis von Glaube und Vernunft**

**Sachkompetenz**: Die Schüler
- bestimmen Glauben und Wissen als unterschiedliche Zugänge zur Wirklichkeit in ihren Möglichkeiten und Grenzen,
- erläutern an der Erschließung eines biblischen Beispiels die Arbeitsweise der Theologie,
- erklären an einem biblischen Beispiel den Charakter der Bibel als Glaubenszeugnis.

**Urteilskompetenz**: Die Schüler
- beurteilen kritisch Positionen fundamentalistischer Strömungen.

# Vorwort

Was bleibt, wenn uns das eigene Leben zum Drama wird, wenn alles, was uns so sicher schien und uns Heimat gab, aufgegeben werden muss, wenn die Hoffnungen und der Glaube, von denen wird lebten, zu schwinden drohen und das Leben uns plötzlich vor Situationen und Fragen stellt, deren Wucht und Intensität uns den Atem nehmen? Die beiden Autoren unternehmen in der vorliegenden Unterrichtsreihe den Versuch, den sog. ersten Schöpfungsbericht zum Gesprächspartner für aktuelle Krisen und Brüche zu nutzen. Stunde für Stunde nimmt man ihnen dabei den existenziellen Ernst ab, mit dem sie die Schüler von der ursprungsgeschichtlichen Interpretation des biblischen Textes behutsam heranführen an den Punkt, da Schüler und Lehrer in den alten Texten ihre ureigenste Sache erkennen können. Weit entfernt davon, zu einer billigen Vertröstung zu verkommen, ermöglichen die biblischen Verse dann plötzlich den Kontakt mit der eigenen Seele, mit unseren zerplatzten Lebensträumen, aber auch mit unserer Sehnsucht nach gelingendem Leben.

„Es ist nicht leicht", beginnt der Seelsorger Guido Kreppold seinen Band über die therapeutische Kraft der Bibel, „Interesse zu wecken für Schriften aus einer längst vergangenen Zeit, aus einer Bauern- und Hirtenkultur mit Vorstellungen von Himmel und Erde, die dem modernen Weltbild widersprechen [...]. Dazu begegnen wir einer Sprache, in der wir gewöhnlich nicht reden und mit der wir das, was uns Tag für Tag plagt, nicht ausdrücken können." (G. Kreppold, Die Bibel als Heilungsbuch, Münsterschwarzach $^{8}$2012, 7). Es ist den beiden Autoren auf der Basis ihrer jahrelangen Berufspraxis als Lehrer und Fachleiter gelungen, die heilsame Kraft des ersten Schöpfungsmythos zu aktivieren und den poetischen Text für Schüler und Lehrer in seiner existenziellen Gleichzeitigkeit verständlich zu machen und erfahrbar werden zu lassen. Dabei werden folgende didaktische Prinzipien realisiert:

- Das Prinzip der *Exemplarizität*: Der Schöpfungsmythos behandelt im Besonderen, was zu den elementarsten Botschaften der jüdisch-christlichen Religion überhaupt zählt: die im Mythos verdichtete archetypische Konstante, von der Geburt bis zum Tod und im Angesicht der Zerbrechlichkeit des Lebens stets auf das Bessere hoffen zu dürfen;
- das Prinzip der *Schülergemäßheit*: Die ursprungsgeschichtliche Funktion des Mythos wird zum Paradigma für die ganz persönliche existenzielle Grundgestimmtheit, dass noch immer etwas trägt, immer noch Vertrauen aufgebaut werden kann, dass sich etwas verändern wird wider besseres Wissen und dass dem Gewohnten ein entschiedenes Nein entgegengesetzt wird;
- das Prinzip der fachwissenschaftlichen *Zuverlässigkeit*: Die Erarbeitung des Mythos erhebt den Anspruch auf exegetische Seriosität und richtet sich gegen die irrige fundamentalistische Lesart eines historischen „Berichtes";
- das Prinzip der *Verlangsamung*: die Reihe setzt auf Muße und eine in die Tiefe gehende Erarbeitung, die sich Zeit nimmt für einen ausgiebigen Transfer in die Schülerwelt.

Bei den im Buch genannten Bibelstellten handelt es sich um eigene Übersetzungen der Verfasser in Anlehnung an den griechischen Urtext. Die Verfasser haben dies jeweils auf die didaktische Situation hin zugeschnitten. Der griechische Urtext ist übersetzt aus Nestle-Aland, Novum Testamentum Graece, Deutsche Bibelgesellschaft Stuttgart, 26., neu bearbeitete Auflage, Württembergische Bibelanstalt, Stuttgart 1979.

Herausgeber und Autoren stehen für eine humane religiöse Bildung und Erziehung, die sich kritischer Anfragen an Gesellschaft, Schule und Kirche nicht entziehen und Wert auf konfessionelle Kooperation und interreligiöse Offenheit legen.

*Volker Garske und Hermann-Josef Vogt*

*Was heißt eigentlich
Trösten?*

*Schon als Kind
ist mir das nie
ganz klar geworden.*

*Ich hatte eine Beule,
die Mutter
tröstete mich,
aber die Beule
blieb.*

*Peter Noll*

P. Noll, Diktate über Sterben und Tod. Mit der Totenrede von Max Frisch, Pendo, Zürich 1984, S. 23

# 1 Schöpfung – ein heikles Thema im Religionsunterricht: didaktische Vorüberlegungen

Schöpfung, ein zentrales Thema

Die Schöpfungserzählung ist ein zentrales Thema im Religionsunterricht. Während in der Unterstufe meist die ‚Bewahrung der Schöpfung' in den Fokus gerückt wird, eignet sie sich vor allem in der Mittel- und Oberstufe zur vertiefenden Behandlung der zentralen Fragen nach Deutungen von Wirklichkeit (Mythos, Logos), Weltbildern und einem angemessenen Verständnis von dem, was ‚Wahrheit' (oder wahr) ist. Dabei wird in den meisten Lehrwerken der Schwerpunkt auf die Frage nach der Vereinbarkeit von Evolutionstheorie und Schöpfungsglaube gelegt.

Gespräche mit Religionskolleginnen und -kollegen[1] zeigen jedoch, dass die Behandlung dieser Thematik eine Herausforderung für Lehrer und Schüler gleichermaßen darstellt. Bei der Gegenüberstellung von biblischer und naturwissenschaftlicher Sichtweise wird der naturwissenschaftlichen Position von den Jugendlichen in der Regel eine weitaus größere Glaubwürdigkeit zugesprochen. Sie gilt als ‚beweisbar' und offenbart darin ihre Überlegenheit. Der christliche Schöpfungsmythos hingegen wird schnell als ‚überholt' oder ‚unglaubwürdig' belächelt; er geht aus dem Vergleich als Verlierer hervor. Diese Situation führt häufig dazu, dass sich der Lehrer schließlich in der undankbaren Rolle des Verteidigers des Mythos vor dem Hintergrund der ‚harten Fakten' der naturwissenschaftlichen Sicht wiederfindet.

Konflikt Naturwissenschaft – Religion

Auch wenn der Konflikt längst durch die moderne Exegese entschärft worden ist und viele Forscher die Wirklichkeitswahrnehmung von Naturwissenschaft und Theologie als andersartig, aber gleichberechtigt anerkennen (Komplementaritätsmodell), so stehen die beiden Zugangsweisen in den Augen der Schüler (und vermutlich auch des größten Teils der Bevölkerung) häufig in einem Konkurrenz- oder Konflikt-Verhältnis zueinander. Hier nimmt der naturwissenschaftliche Ansatz nicht zuletzt deshalb die dominantere und überzeugendere Stellung ein (Dominanzmodell), weil es kaum gelingt, das moderne und rein naturwissenschaftlich geprägte Wahrheitsverständnis erkenntnistheoretisch aufzubrechen und zu erweitern.

Viele Schüler gewinnen somit den Eindruck, dass der Glaube an eine göttliche Schöpfung am Ende auf das Fürwahrhalten wissenschaftlich widerlegter Theorien hinausläuft oder die Schöpfungserzählung letztlich als ein schönes, aber heutzutage bedeutungsloses ‚Märchen' verworfen werden kann, weil sie schließlich nicht ‚wahr' sei. So wird der biblische Text als defizitär gebrandmarkt. Spätestens in der pubertären Phase stellt sich für viele Heranwachsende im Sinne eines alterstypischen ‚Entweder-Oder-Radikalismus' die Grundfrage: ‚Stimme ich der naturwissenschaftlichen oder der biblischen Position zu?' Die erfolgversprechende Frage: ‚Wie ist die Bibel wahr?', d. h. welche Wahrheit enthält sie, wird gar nicht gestellt. Für unsere Auseinandersetzung mit der Schöpfungserzählung im Unterricht ergaben sich aus den Vorüberlegungen folgende Ausgangsfragen:

Ausgangsfragen

- Warum setzen die meisten Unterrichtsmodelle in erster Linie auf einen *Vergleich* (Schöpfungsmythos *versus* Evolutionslehre), statt der Schöpfungserzählung zunächst einmal einen eigenen Stellenwert zu geben?

[1] Um den Text lesbar zu gestalten, wird im Folgenden meistenteils von dem Schüler und dem Lehrer gesprochen und diese Form auch im Plural als Nomen generale genutzt.

- Inwiefern wird durch die Gegenüberstellung von Naturwissenschaft und Theologie gerade jener Blickwinkel fokussiert, den es eigentlich zu überwinden gilt, nämlich die Frage nach einer zutreffenden oder unzutreffenden Beschreibung von Wirklichkeit?[1]
- Gibt es einen alternativen Zugriff auf die Schöpfungserzählung (Gen 1,1–2,4a), bei dem – auch mit Blick auf die Lebenswelt der Schüler heute – ihre Vitalität deutlich wird und ihre sinnstiftende Aussagekraft sowie ihr Wahrheitsgehalt in den Fokus treten können?

Die im Folgenden skizzierte Unterrichtsreihe möchte versuchen in diesem Spannungsfeld einen Beitrag zu leisten und einem abwertenden Verständnis der Schöpfungserzählung vorzubeugen. Dies geschieht, indem der biblische Schöpfungstext zunächst ganz von seinem Entstehungskontext, seiner Intention und Bedeutung her in den Blick genommen wird. Es soll den Schülern bewusst werden, dass es sich nicht um einen Text handelt, der die Weltentstehung beschreibt, sondern der diese deutet. Gefragt wird nicht in erster Linie nach der Struktur der Materie oder ihrer Weiterentwicklung, sondern nach dem Sinn von Welt und Leben und dem personalen Verhältnis von Gott und Mensch.[2]

# 2 Sachanalyse zu Gen 1,1–2,4a

## 2.1 Perspektivwechsel: die Stärken der Schöpfungserzählung

→ Bausteine 5–7

So wie die alttestamentlichen Theologen Schöpfungstheologie betreiben, geht es ihnen nicht um Fragen nach dem Ablauf der Weltentstehung. Vielmehr wird mit Blick auf die Entstehungszeit des Textes deutlich: Es geht ihnen darum, aus einer bestimmten Situation und Erfahrung heraus Hoffnung und Trost zu vermitteln und das Grundvertrauen in den Glauben an Gott zu stärken bzw. wiederherzustellen. Am religiösen und politischen Abgrund des Exils halten die Verfasser am Glauben an den einen und guten Gott fest, der seiner Schöpfung treu ist. Der Verzweiflung der Gläubigen setzen die Theologen Israels Schöpfungstheologie gegenüber und appellieren kontrafaktisch, „im Augenblick höchster Existenznot an die gute Schöpfungsordnung“[3]. In epischem Stil bringen sie den Glauben an JHWH zum Ausdruck und verleihen der Hoffnung auf die Treue Gottes eine erzählerische Stimme. Das ist die inhärente Wahrheit der Schöpfungserzählung.

**Neuer Zugriff**

Aus diesen Überlegungen leitet sich der veränderte Zugriff auf den priesterschriftlichen Schöpfungstext ab, der für die hier konzipierte Reihe gewählt wurde: Es findet in den ersten Bausteinen der Reihe noch keine direkte Auseinandersetzung mit Gen 1,1–2,4a statt, sondern eine indirekte, die zunächst das Phänomen des Tröstens und Getröstetwerdens untersucht und dieses ins Bewusstsein der Schüler rückt. Der priesterschriftliche Mythos wird in einem zweiten Schritt als Trost- und Hoffnungserzählung in den Blick genommen. Indem der Text in seinen Werdensprozess zurückgeführt wird, soll „die ursprüngliche menschliche Situation und damit die vitale Interessiertheit, aus der er einst hervorgegangen ist“[4], wieder deutlich werden (ursprungsgeschichtliche Auslegung).

→ Bausteine 1–4

---

1 Alle Erfahrungen mit der Abwertung sog. Präkonzepte zeigen, dass man mit Unwilligkeit und Widerstand rechnen muss, wenn diese Konzepte im Unterricht kritisiert und korrigiert werden sollen.

2 Vgl. G. L. Müller, Katholische Dogmatik für Studium und Praxis der Theologie, Freiburg i. Br. ³1998, 170

3 K. Löning, E. Zenger, Als Anfang schuf Gott: Biblische Schöpfungstheologien, Düsseldorf 1997, 44

4 H. Roth, Moderne Pädagogik als Wissenschaft, in: H. Roth – „moderne“ Pädagogik als Wissenschaft (1966), neu aufgelegt und hg. v. W. Jungmann und K. Huber, München, Weinheim 2009, 11

## 2.2 Der Entstehungskontext von Gen 1,1–2,4a

Die Schöpfungserzählung Gen 1,1–2,4a gehört zur priesterschriftlichen Quelle des Pentateuch. Der Text entstand während des Babylonischen Exils, welches 597 v. Chr. mit der Eroberung Jerusalems und des Königreiches Juda durch den babylonischen König Nebukadnezar II. begann und bis zur Eroberung Babylons 539 v. Chr. durch den Perserkönig Kyros II. dauerte. Ab 597 v. Chr. wurden große Teile der Bevölkerung Judäas und Jerusalems, vor allem Angehörige der Oberschicht und der intellektuellen Elite, nach Babylon exiliert[1]. Unter den Deportierten waren auch Priester, die vermutlich die Schreiber des Schöpfungsgedichtes sind. Insgesamt gab es drei große Deportationswellen (597, 586 und 582 v. Chr.). Die Lebensverhältnisse der Exilanten waren recht gut. Sie wurden in eigenen Kolonien angesiedelt, lebten dort in größeren Gruppen beieinander, durften Handel und Landwirtschaft betreiben und wurden nur teilweise zu Fronarbeiten an königlichen Bauten herangezogen.[2]

→ Baustein 5

Auch wenn die äußeren Umstände erträglich waren, so war es doch im politisch-religiösen Sinne eine wahrhaft ‚chaotische' Zeit, die als Entstehungszeit der Schöpfungserzählung angenommen werden kann. Es war die Phase, in der sich die Identität Israels aufzulösen schien: Das Volk war zerstreut, die Oberschicht exiliert, das Zentralheiligtum, der Tempel in Jerusalem, zerstört, die nationale Identität durch die Auflösung des Königtums vernichtet, die Eigenstaatlichkeit war verloren und die religiöse Identität als ‚auserwähltes', von Gott geschütztes Volk war ins Wanken geraten.

**Identitätskrise im Exil**

Der z. T. pompös gelebte Glaube der Babylonier (Bauten, Feste, Götterstatuen) übte auf viele Juden eine faszinierende Wirkung aus, während dem gegenüber die Attraktivität des Glaubens an den *einen* Gott, von dem nicht einmal ein Bild anwesend war, sank. Die Gefahr der Assimilation drohte den jüdischen Glauben zum Verschwinden zu bringen. Die Juden als Unterlegene zweifelten auch an der Macht ihres Gottes JHWH. Depression und Trostlosigkeit kennzeichneten die Stimmung derjenigen Juden, die ihrem Gott treu blieben und die Identität ihrer Glaubensgemeinschaft bewahren wollten.

→ Baustein 5

**Gefahr der Assimilation**

Sowohl in der theologischen Forschung wie auch im schulischen Kontext erscheint es überaus lohnenswert dem Babylonischen Exil mehr Aufmerksamkeit zu schenken als dies bisher vielleicht der Fall war, handelt es sich doch um *die entscheidende Phase* in der Entwicklung des Judentums. Die Forschung ist sich heute einig darüber, dass sich durch sie – bedingt durch die Krise während dieser Zeit – das Judentum maßgeblich konstituiert hat und den Israeliten durch die tiefgreifende Reform ihres Glaubens die Rettung ihrer Identität gelang. Als besondere Errungenschaften des Exils gelten:

**theologische Innovationen im Exil**

- das Ende der Lokalisierung des JHWH-Kultes auf dem Zionsberg (numen locale);
- die Entwicklung hin zur ausschließlichen und bildlosen Verehrung JHWHs, d. h. die Entwicklung über den Henotheismus hin zum Monotheismus als folgenreichste theologische Innovation;[3]

---

1 597 v. Chr. sollen es 60 % der judäischen Elite gewesen sein; vgl. auch im Folgenden: E. A. Knauf, Wie kann ich singen im fremden Land? Die ‚babylonische Gefangenschaft' Israels, in: Bibel und Kirche 55, Stuttgart 2000, 132–139

2 Da die Lebensbedingungen nicht denen von Gefangenen entsprachen, sollte die Bezeichnung ‚babylonische Gefangenschaft' vermieden werden.

3 R. Albertz, Die sozial- und religionsgeschichtlichen Folgen der Exilzeit, in: Bibel und Kirche 55, Stuttgart 2000, 128 ff. Er kommt zu dem Schluss, dass ohne den staatlichen Zusammenbruch Judas und das damit aufgetretene Problem, ob die Niederlage JHWHs Ohnmacht gegenüber den babylonischen Göttern erweise, dieser Entwicklungsschritt wohl nicht erfolgt wäre.

- die Sicherung des Glaubens durch rituell-religiöse Bekenntniszeichen, die die Zugehörigkeit zur Gruppe der Juden als Minorität in einer Mehrheitsgesellschaft bezeugten (Einhaltung des Sabbats am 7. Tag, Beschneidung, Speisegesetze);
- die jüdische Religion beginnt Züge einer ‚Buchreligion' anzunehmen; Tora und Kanonbildung im Pentateuch werden angestoßen. Die Tora gilt künftig als ‚portatives Vaterland' (Heinrich Heine), das die Existenz des jüdischen Volkes auch ohne Tempel und Land ermöglicht;[1]
- das Schaffen einer ‚heiligen Zeit' (Sabbat) als Ersatz für den ‚heiligen Ort' (den Tempel) als neue Möglichkeit der Gottesbegegnung;
- das innovative Konzept, das bis dahin keine Religion der alten Welt kannte: eine Religionspraxis ohne Opferhandlung. Das war eine religiöse Revolution!
- die Synagoge (Bet- und Lehrhaus) als neuer, dezentraler Ort religiösen Lebens.

Nachdem territoriale und politische Merkmale weggefallen waren, erwies sich der JHWH-Glaube als das *identitätsstiftende* Merkmal einer Minorität in einer Mehrheitsgesellschaft. Somit steht die Wiege des Judentums in Babylonien.

## 2.3 Gen 1,1–2,4a: eine Trost- und Hoffnungserzählung

→ Baustein 6

Die Behandlung der Schöpfungserzählung als Trosterzählung hat einen großen Vorteil: Sie bietet einen Zugriff, der der Vernunft standhält und den Jugendlichen einen reflektierten Glauben ermöglicht. Die Lernenden können erkennen, dass im Schöpfungsmythos von den guten Anfängen der Welt erzählt wird und ein Sinn bezeugt wird, der allem Sein zugrunde liegt. Darüber hinaus kann den Lernenden bewusst werden, dass Gen 1,1–2,4a nicht eine primitiv-wissenschaftliche Erklärung zur Weltentstehung geben will.

Hoffnungserzählung

Exegeten weisen mehrheitlich auf die tröstende Funktion des Textes hin[2]. Genesis 1,1–2,4a verdankt seine Entstehung dem existentiellen Bedürfnis, die erlebte Wirklichkeit zu bewältigen und Trost, Hoffnung, Sinn zu finden. „Die biblische Schöpfungstheologie ist deshalb eine Antwort auf Angst und Resignation angesichts katastrophischer Welt- und Lebenserfahrungen."[3] Das Schöpfungsgedicht ist ein Dokument des Gottvertrauens und bietet dem Hörer bzw. Leser vor diesem Hintergrund eine Wirklichkeitsdeutung an. Doch wie beim Trösten allgemein gilt auch hier: Das ‚Gelingen des Trostes' ist nicht vom Tröster machbar, sondern stellt ein Angebot (zur Deutung von Wirklichkeit) dar.

→ Baustein 2

Textgattung Gedicht

In der Exilzeit, d. h. in einer Zeit des inneren und äußeren Chaos verfassen priesterliche Gruppierungen den Schöpfungstext, der inhaltlich und formal (hymnische Form, Gedichtform, Rhythmisierung) dem Chaos entgegentritt. „Die schematische Darstellung der Schöpfungserzählung mit den immer wiederkehrenden Wendungen (‚Es wurde Abend und Morgen…'; ‚und so geschah es'; ‚und Gott sah, dass es gut war', usw.) macht auf sehr eindringliche, meditative Weise deutlich: Gott schuf diese Welt in souveräner Vollmacht, er hält und trägt sie, verlässlich und trostspendend. Dem Gott dieser ‚guten Schöpfung' kann man sich bedin-

---

[1] Vgl. E. A. Knauf, Wie kann ich singen, 133

[2] Vgl. C. Westermann, Am Anfang: 1. Mose (Genesis). Teil 1. Die Urgeschichte, Abraham. Neukirchen-Vluyn, 1986 oder E. Zenger, Einleitung in das AT, Stuttgart u. a. 1995

[3] E. Zenger, Jenseits der Geschichte. Anmerkung zur sogenannten Urgeschichte der Genesis, in: Bibel und Kirche 58, Stuttgart 1/2003, zuletzt abgerufen am 03.10.2013 unter: https://www.bibelwerk.de/sixcms/media.php/157/Gen%201-11%20Überblicksartikel.pdf

gungslos anvertrauen."[1] Die Priester betonen Ordnung und Beständigkeit als Reaktion auf die Erfahrungen und Anfragen des Exils: ‚Alles ist ins Wanken geraten – wo gibt es Halt?'

Die Begriffe ‚Chaos und Ordnung' stellen hilfreiche Erschließungsworte zum Verständnis der Schöpfungserzählung dar. Die Chaosbilder in Gen 1,2 bilden den Ausgangspunkt des Textes: das Tohuwabohu, die Finsternis und die bedrohlichen Wasser mit ihren unergründlichen Tiefen. Doch im Mythos werden alle diese Mächte von JHWH bezwungen.

## 2.4 Trostbilder

**Korrelation**

Die Welt eines Menschen, der des Trostes bedarf, ist ‚aus den Fugen geraten' und ‚chaotisch'. Selbstverständliche ‚Ordnungen' greifen nicht mehr, scheinen verloren zu sein, alte Muster und Selbstverständlichkeiten sind z. B. durch Krankheit, Arbeitslosigkeit, Trennung oder Tod zerstört. Der sonst vorhandene Halt und die gewohnte Ordnung sind verloren. Menschen greifen zur Erklärung ihres Zustandes, ihrer Gefühle zu Metaphern und sagen auch heute noch umgangssprachlich:

*„Ich bin von Dunkelheit und Nacht umgeben!"*

*„Mir steht das Wasser bis zum Hals."*

*„Ich verliere den Boden unter den Füßen!"*

Diese Aussprüche sind jedem geläufig. Erstaunt stellt man fest, dass sie auch als zentrale Motive das Schöpfungsgedicht prägen. Hier werden sie positiv gewendet: Gott ordnet das Urchaos, das Tohuwabohu (Gen 1,2 ff.). Er schafft das Licht (Gen 1,3), beherrscht das Wasser und weist ihm seinen Platz zu (Gen 1,6 ff.), schafft den trockenen Erdboden und lässt das Trockene sichtbar werden (Gen 1,9)[2]. Gott schafft Abend und Morgen, Tag und Nacht, Festzeiten und Jahre sowie den Sabbat, den 7. Tag, als Ruhetag (1,14 ff.; 2,2 ff.). In allen Dimensionen (Raum, Zeit) schafft er ‚Ordnungsstrukturen'.

*„Es werde Licht! Und es wurde Licht."*
Gen 1,3

*„... damit das Trockene sichtbar werde."*
Gen 1,9

*„Lichter sollen am Himmelsgewölbe sein,*
*um Tag und Nacht zu scheiden."*
Gen 1,14

*„Gott segnete den siebten Tag und erklärte ihn für heilig."*
Gen 2,3



Im priesterschriftlichen Schöpfungsmythos wird den Menschen Tröstliches zugesprochen: Egal welches chaotische Lebensgefühl auch erfahren wird, es gibt einen Gott, der die Macht hat, das Chaos zu ordnen, zu gliedern und in ein ‚sinn'-volles Ganzes zu überführen (Gott sah, dass es gut war!). Dies ‚bekennt' der Schöpfungstext Gen 1,1–2,4a. Dies bekennen die Juden als Zentrum ihres Glaubens an JHWH.

**Ordnung statt Chaos**

Im Prozess des Trostes wächst die Hoffnung auf Sinn mit Blick auf einen größeren Zusammenhang. Die Wahrnehmung von Sinn tröstet, gibt neuen Lebensmut. Der Bezug zur Transzendenz, die Annahme eines allumfassenden, das Individuum und die Gegenwart überschreitenden Sinnzusammenhangs ist der größtmögliche Trost, den ein Mensch erfahren kann[3]. Das Gefühl von Geborgenheit in ‚etwas Größerem', in einem Göttlichen, das ‚Sich-zurückbinden, Sichfestmachen' spiegelt sich auch im Begriff ‚religare', der etymologisch im Wort ‚Religion' enthalten ist. Doch genau dieses ‚Sichfestmachen' ist von außen nicht erzwingbar, diese Sicht auf die Wirklichkeit muss dem zu Tröstenden überlassen werden. Der biblische Text (Gen 1,1–2,4a) hält dieses Sinnangebot für den Leser heute und damals bereit, indem von allem Sein gesagt wird: „Und Gott sah, dass es gut war!"

---

[1] U. Struppe, W. Kirchschläger, Einführung in das Alte und Neue Testament, Stuttgart 1998, AT-Teil, 76

[2] Vgl. E. Zenger, Schöpfung II. Biblisch-theologisch: 1. Altes Testament, in: W. Kasper, u. a. (Hg.), Lexikon für Theologie und Kirche. Bd. 9. Freiburg i. Br. [3]2006, 218 f.

[3] Vgl. W. Schmid, was uns tröstet, in: Psychologie heute 8, August 2012, 66–71, 70

Transzendenter Trost wird auch erfahrbar in Ritualen, die dem Leben wieder Form und Rhythmus geben. Rituale „transzendieren die Gegenwart und überbrücken damit die ontologische Lücke zwischen einer Wirklichkeit, die nicht mehr verändert werden kann, und Möglichkeiten, die noch nicht wirklich werden können".[1] Auch in dieser Hinsicht setzt Genesis Gen 1,1–2,4a tröstliche Neuorientierung. Die Schreiber machen deutlich, dass sich trotz der Zerstörung Jerusalems und des Tempels Gott und Mensch weiterhin treffen können, auch in der Fremde, in Babylon. „Aber diese ‚Treffpunkte' sind keine Orte im Raum wie der Tempel, sondern – so überraschend es klingen mag – *Zeitpunkte*. Das Verhältnis von Gott und Menschen ist damit von dem (zerstörten) Tempel und dem (nicht mehr praktizierbaren) Kult in Jerusalem unabhängig: Gottes besonderer Ort ist von nun an die Zeit, der Sabbat. Hier ist Gott zu finden."[2]

**Sabbat als heilige Zeit**

Ursprünglich war der Sabbat ein Vollmondfest am Jerusalemer Tempel. Die Reformer im Exil lösen das Fest vom Mondzyklus und machen daraus einen wöchentlichen Ruhetag, den 7. Tag. Der Sabbat unterliegt also nicht der Herrschaft der Gestirne. Als einziges Volk bzw. als einzige Religion kannten die Juden einen wöchentlich wiederkehrenden Ruhetag. Damit unterschieden sie sich auch von den Babyloniern und somit wurde das Einhalten des Sabbats zu einem Bekenntnis- und Identitätszeichen. Der Sabbat wurde mit der Schöpfung theologisch begründet. So wurde aus dem ‚heiligen Ort', dem Tempel, im Exil die ‚heilige Zeit'.

Den Sabbat zu halten ist eine Form der Nachfolge Gottes. Die Einhaltung führt daher im fernen Land in die unmittelbare Nähe Gottes. „Der Sabbat gehört – wie der Glaube an die Einzigkeit Gottes und seine Bildlosigkeit – zu den Besonderheiten Israels. Sie unterscheiden dieses Volk und seine Religion deutlich von seiner Umgebung."[3] Der Sabbat ist nicht nur eine religiöse Institution, sondern auch eine soziale, denn die Familie wird gestärkt und ebenso die Gemeinschaft.

Abschließend lässt sich festhalten, dass Genesis Gen 1,1–2,4a theologisch die Katastrophe Israels verarbeitet, die als Existenz bedrohendes Chaos, als heillose Finsternis erlebt wurde. Die Botschaft ist, dass der Gott Israels inmitten der erlittenen Katastrophe der wahre „Herr des Himmels und der Erde" ist. Dieses Glaubenszeugnis bezieht sich aber weniger auf eine Urzeit als vielmehr auf die damalige Gegenwart.

## 2.5 Der babylonische Schöpfungsmythos als Referenztext

→ Baustein 7

Wer die priesterschriftliche Schöpfungserzählung liest, der sollte den Schöpfungsmythos der Babylonier (Enûma elîsch) als Referenztext zum Verständnis von Genesis 1,1 – 2,4a kennen. In vielen Aspekten nimmt die Schöpfungserzählung Bezug auf den „Enûma elîsch"-Text und liefert in entscheidenden Teilen einen Gegen- bzw. Kontrastentwurf zu diesem. Ein Vergleich beider Texte (wenn auch im Bezug auf den Enûma elîsch-Text nur in Auszügen) ist daher für ein sachgerechtes Verständnis von Genesis Gen 1,1–2,4a elementar. Dies gilt auch im Hinblick auf die Aspekte der Wirklichkeitsdeutung und der Trostfunktion.

**Referenztext**

„Die Priesterschrift (P) versucht, in der tiefsten Krise des Volkes Israel den Glauben an den Gott Israels wach zu halten, in einer Zeit, da dieser Gott ohnmächtig zu sein scheint: Waren

[1] W. Schmid, Was uns tröstet, 71

[2] B. Eltrop, Wie wörtlich die Bibel lesen? – Vom gerechten Umgang mit der Schrift anhand des Beispiels Gen 1,1–2,3, Kath. Bibelwerk e.V., 5f., Artikel zuletzt abgerufen am 03.10.2013 https://www.bibelwerk.de/sixcms/media.php/157/fundamentalismusII.pdf

[3] F. Crüsemann, Die Ruhe, die für Unruhe sorgt: Der Sabbat im Alten Testament, in: Bibel heute 148 (4/2001) 106–108, 107

nicht die Götter der Babylonier stärker als der Gott Israels? Warum war Gott nicht eingeschritten, als der Tempel in Jerusalem, der Wohnsitz Gottes, zerstört wurde? War Gott überhaupt noch da?"[1] Die Babylonier erzählten einen Schöpfungsmythos, in dem Marduk die Ur-Göttin Tiamat erschlug, ihren Drachenleib teilte und daraus Himmel und Erde machte. Im Gegensatz zum babylonischen Mythos erschafft in der Schöpfungserzählung JHWH nicht mit Gewalt, sondern allein durch sein Wort.

Astralreligion

Als polytheistische Astralreligion spielen weitere Götter im babylonischen Mythos eine Rolle: die Gestirngottheiten. In Genesis Gen 1,1–2,4a werden die hochgepriesenen Gestirngötter entmachtet und entlarvt als ‚Geschöpfe' des einen Gottes. Dieses Bekenntnis der jüdischen Priester hat Folgen für die ‚Achtung' der babylonischen Götter: Sie werden degradiert. Assimilationstendenzen wird somit entgegengewirkt. Es eröffnet sich – auch im Sinne des Trostes – eine neue Sicht auf die Wirklichkeit. Die babylonischen Götter werden in einen neuen Rahmen gesetzt. Psychologisch betrachtet findet ein ‚Reframing' statt. Der Gott der Juden ist der Schöpfer der Geschöpfe, die die Babylonier als Götter verehren. Eine funktionale Betrachtungsweise im biblischen Schöpfungsmythos tritt der Vergottung der Gestirne entgegen.

Im jüdischen Schöpfungsmythos wird die Transzendenz Gottes betont. In den Erzählungen der Nachbarvölker dagegen sind die Götter gleichursprünglich mit Himmel und Erde entstanden und werden damit identifiziert (Himmelsgott, Erdgott, Salzwassergöttin ...). Auch das von JHWH beherrschte Chaos ist in der babylonischen Religion eine göttliche Macht.

Mensch als Repräsentant Gottes

Ein weiterer zentraler Vergleichsaspekt betrifft die Stellung des Menschen. Im babylonischen Mythos ist der Mensch geschaffen worden, um den Göttern zu dienen und diese zu verehren. Er entsteht aus dem Blut und Gebein eines Toten, der wiederum in einem Götterkampf ermordet wurde. In Genesis Gen 1,1–2,4a entstehen die Menschen allein aus der Kraft des Wortes Gottes und sie erhalten den Auftrag ‚fruchtbar zu sein und sich zu mehren'. Der Mensch soll teilnehmen am Schöpfungsauftrag. Ihm wird die Erde anvertraut, um sie verantwortlich zu gestalten. Man muss sich und den Schülern bewusst machen, wem dies zugesprochen wird: Exilierten Menschen, die sich als Unterlegene, als Verlierer den Babyloniern gegenüber fühlen. Durch diesen Text, dieses Glaubensbekenntnis, wird den Juden eine unermessliche Würde zugesprochen: Sie sind Repräsentanten Gottes auf Erden, die bevollmächtigt wurden, die Erde verantwortlich zu gestalten. Dieser neue Blick auf die Wirklichkeit wird den exilierten Juden in der Schöpfungserzählung als Angebot unterbreitet und kann von ihnen als tröstend und Hoffnung spendend angenommen werden.

Ein anderer Aspekt, der den Juden als Trost angeboten wird, ist das identitätsfördernde Ritual des Sabbats. Die Einhaltung des Sabbats ist ein Alleinstellungsmerkmal und bietet den Juden die Möglichkeit in der Feier ihre Gemeinschaft zu erleben und Trost zu finden in der Rückbesinnung auf ihren Gott, den Einzigen. War der Sabbat lange Zeit ein Vollmondfest, das auch am Jerusalemer Tempel begangen wurde, so wird er nun zu einem gestirnunabhängigen (!) wöchentlichen Ritual. Die Funktion von Ritualen als Trostgeber – auch in der heutigen Zeit – wurde bereits angesprochen.

### Fazit der sachanalytischen Überlegungen

der ‚neue' Blick

Wird die Schöpfungserzählung auf diese Weise bewusst als Hoffnungs- und Trosterzählung wahrgenommen, so bieten sich auch unmittelbare Anknüpfungspunkte an die Lebenswelt der Schüler: Mit dem Thema ‚Trösten' oder ‚Getröstet werden' hat jeder Jugendliche bereits

[1] B. Eltrop, Wie wörtlich die Bibel lesen?, 4

eigene Erfahrungen gemacht und kennt die Bedeutung der personalen Beziehung innerhalb eines Trostgeschehens. Dieser neue Blick auf den biblischen Text soll ihn aus verengenden und verzerrenden Gegenüberstellungen von ‚Schöpfungsglaube oder Evolutionslehre' herausführen und eine neue Deutungsperspektive eröffnen.

# 3 Didaktisch-methodischer Ausblick

## 3.1 Merkmale kompetenzorientierten Religionsunterrichts

**Kompetenzorientierung**

Die dargestellte Unterrichtsreihe entstand im Kontext eines Unterrichtsforschungsprojektes zur Kompetenzorientierung im Religionsunterricht[1]. Anlass waren die Fragen: *Was ist Kompetenzorientierung? Welche Merkmale zeichnen kompetenzorientierten Unterricht aus?*

Im Kontext unseres Projektes fiel die Entscheidung für ein Merkmalsmodell, das von Feindt konzipiert wurde[2]. Die von A. Feindt zusammengetragenen *Merkmale kompetenzorientierten Religionsunterrichts* stellten den Bezugspunkt für die inhaltliche wie methodische Planung der konkreten Unterrichtsschritte dar. Aufgrund eigener Überlegungen und Unterrichtserfahrungen haben wir das Modell in Teilen noch modifiziert und erweitert.
So ergeben sich als Grundlage für die Reihenplanung Merkmale wie auf der nächsten Seite dargestellt.
Diese Merkmale bilden für alle Reihenplanungen eine anregende Hintergrund- und Impulsfolie, um den eigenen Unterricht gründlich zu planen und zu reflektieren. Sie füllen das Konzept ‚Kompetenzorientierung' mit ‚Inhalt' und vermitteln eine Vorstellung davon, wie kompetenzorientierter Religionsunterricht umgesetzt werden kann.

---

[1] Das Projekt „KompKath – Kompetenzentwicklung im Katholischen Religionsunterricht gestalten" stand unter der Leitung von Prof. Dr. C.P. Sajak an der Westfälischen-Wilhelms-Universität Münster. Die Forschungsergebnisse wurden veröffentlicht in: C.P. Sajak (Hg.), Religionsunterricht kompetenzorientiert. Beiträge aus fachdidaktischer Forschung, Paderborn 2012

[2] Vgl. A. Feindt, Kompetenzorientierter Unterricht – wie geht das?, Seelze 2010, 87ff. Vgl. auch: I. Alkemeier, M. Hoffmann, Vom Trösten und Getröstet werden – Die Schöpfungserzählung eine Trost- und Hoffnungsgeschichte, in: C.P. Sajak (Hg.), Religionsunterricht kompetenzorientiert. 2012, 185–200

## Merkmale kompetenzorientierten Unterrichts
(erweitert nach A. Feindt)

**Ermittlung der Lehrausgangslage**
Im Sinne einer Diagnostik werden bereits vorhandene Kenntnisse, Fähigkeiten, Einstellungen und Interessen zum gewünschten Thema erfasst. Dies ermöglicht eine angemessene Planung späterer Lernschritte und ggf. binnendifferenzierender Lernarrangements.

**Lebensweltbezug**
zielt auf eine Anknüpfung an lebensweltliche Erfahrungsbereiche, sowie Anforderungssituationen und reflektiert die Relevanz eines Themas.

**Wissensvernetzung**
ermöglicht den Schülern die Ein- und Zuordnung erarbeiteter Aspekte zu anderen Themenbereichen und eine Einordnung in größere Zusammenhänge.
Gefördert wird die kognitive Vernetzung von Inhalten und somit auch ein längerfristiges ‚Behalten'.

**Individuelle Lernbegleitung/ Binnendifferenzierung**
beschreibt Schritte und Methoden, die auf die ermittelten und eingeschätzten Fähigkeiten und Interessen der Lernenden eingehen.
Ermöglicht wird so eine inhaltliche Arbeit auf unterschiedlichen Anforderungsniveaus und für verschiedene Lerntypen.

**Überarbeitung**
sorgt für eine vertiefende, möglichst eigenständige Auseinandersetzung mit einer Aufgabenstellung und initiiert einen optimierenden Arbeitsprozess. Der Lernende erhält – im Optimalfall durch Mitschüler – eine Rückmeldung zu seinem Lernprodukt.
Das Prinzip ‚Lob des Fehlers' bzw. ‚Lernen aus Fehlern' ist Triebkraft der Selbstkorrektur in der Überarbeitungsphase.

**Übung**
gibt den Lernenden die Möglichkeit zur Wiederholung, aber ebenso zur Anwendung des singulär Erlernten in anderen Situationen.
Gemeint ist damit neben ‚reproduktivem' Üben vor allem ‚intelligentes Üben', bei dem die Übungsmethoden variiert werden.

**Metakognition**
fordert die Schüler auf, den Lernprozess zu reflektieren und sorgt für Transparenz hinsichtlich Progression, Arbeitsprozess sowie Ziel. In metakognitiven Phasen tragen die Schüler zusammen, wie sie vorgegangen sind, um einen solchen Prozess später wiederholen und somit Problemlösungen in variablen Situationen erfolgreich nutzen zu können.

**Kognitive Aktivierung**
Förderung und Forderung der Lernenden im Hinblick auf eine intensive Auseinandersetzung mit fachlichen Inhalten.
Eine gemäßigte kognitive Dissonanz fördert die Motivation zur Bearbeitung bestimmter Fragestellungen.

**Evaluation**
im Sinne einer Lernerfolgskontrolle. Sie dient dazu zu überprüfen, ob die avisierten Kompetenzen erreicht und ggf. auch, auf welchem Niveau sie erreicht wurden. Die gründliche Auswertung deckt Stärken sowie Optimierungsmöglichkeiten bei Lehrenden und Lernenden auf. Sie sollte auch den Lernprozess und die Lernsteuerung beinhalten.

## 3.2 Einsatz kooperativer Lernformen

Schüler-aktivierung

Ein weiteres Merkmal, das zentrale Bedeutung in einem kompetenzorientierten Unterricht besitzt, ist die Schüleraktivierung. Dieses sollte quasi als ‚Metamerkmal' bei allen Planungen und Kriterien mitbedacht werden. „Lernende sollen im Rahmen der Möglichkeiten selbst bestimmt und selbst gesteuert handeln".[1]
Die aktuelle Lernpsychologie weist nach, dass Lernen ein aktiver, selbst gesteuerter Prozess ist. Kooperative Lernformen[2] entsprechen diesen Erkenntnissen, da durch sie die aktive Lernzeit und die kognitive Aktivierung gezielt erhöht werden. Die Unterrichtsmethodik ist so angelegt, dass eine weitgehend individuelle, eigenständige Durchdringung des Unterrichtsgegenstandes ermöglicht wird, d.h. die Schüler zeitgleich mental aktiviert werden und darüber hinaus auch soziale Lernprozesse Berücksichtigung finden.

→ Baustein 8

In der Unterrichtsreihe werden kooperative Lernformen mehrfach eingesetzt, beginnend mit der Grundform des ‚Think – Pair – Share' bis zu komplexeren Lernformen, wie dem reziproken Lesen, dem Gruppenpuzzle oder der Strukturlegetechnik. Diese sind eingebettet in eine Gesamtdramaturgie, in der auch andere Lernformen ihren Platz finden (z.B. Freiarbeitsphasen und fragend-entwickelnde Unterrichtsgespräche).

## 3.3 Das Drei-Elemente-Modell kompetenzorientierten Religionsunterrichts

**Kompetenzorientierung im Religionsunterricht**

[1] D. Wahl, Lernumgebungen erfolgreich gestalten: Vom trägen Wissen zum kompetenten Handeln, Bad Heilbrunn, ²2006, 132f.

[2] Als vertiefende Lektüre wird empfohlen: N. Green, K. Green, Kooperatives Lernen im Klassenraum und im Kollegium – Das Trainingsbuch, Stuttgart 2005 sowie
L. Büning, T. Saum, Erfolgreich unterrichten durch Kooperatives Lernen 1 – Strategien zur Schüleraktivierung, Essen 2008

# Genesis 1,1–2,4a

1 [1]Im Anfang schuf Gott Himmel und Erde; [2]die Erde
aber war wüst und wirr, Finsternis lag über der Urflut
und Gottes Geist schwebte über dem Wasser. [3]Gott
sprach: Es werde Licht. Und es wurde Licht. [4]Gott
sah, dass das Licht gut war. Gott schied das Licht von
der Finsternis [5]und Gott nannte das Licht Tag und
die Finsternis nannte er Nacht. Es wurde Abend und
es wurde Morgen: erster Tag.

[6]Dann sprach Gott: Ein Gewölbe entstehe mitten im
Wasser und scheide Wasser von Wasser. [7]Gott machte
also das Gewölbe und schied das Wasser unterhalb
des Gewölbes vom Wasser oberhalb des Gewölbes.
So geschah es [8]und Gott nannte das Gewölbe Him-
mel. Es wurde Abend und es wurde Morgen: zweiter
Tag.

[9]Dann sprach Gott: Das Wasser unterhalb des Him-
mels sammle sich an einem Ort, damit das Trockene
sichtbar werde. So geschah es. [10]Das Trockene nann-
te Gott Land und das angesammelte Wasser nannte
er Meer. Gott sah, dass es gut war. [11]Dann sprach
Gott: Das Land lasse junges Grün wachsen, alle Ar-
ten von Pflanzen, die Samen tragen, und von Bäu-
men, die auf der Erde Früchte bringen mit ihrem Sa-
men darin. So geschah es.
[12]Das Land brachte junges Grün hervor, alle Arten
von Pflanzen, die Samen tragen, alle Arten von Bäu-
men, die Früchte bringen mit ihrem Samen darin.
Gott sah, dass es gut war. [13]Es wurde Abend und es
wurde Morgen: dritter Tag.

[14]Dann sprach Gott: Lichter sollen am Himmelsge-
wölbe sein, um Tag und Nacht zu scheiden. Sie sol-
len Zeichen sein und zur Bestimmung von Fest-
zeiten, von Tagen und Jahren dienen; [15]sie sollen
Lichter am Himmelsgewölbe sein, die über die Erde
hin leuchten. So geschah es. [16]Gott machte die bei-
den großen Lichter, das größere, das über den Tag
herrscht, das kleinere, das über die Nacht herrscht,
auch die Sterne. [17]Gott setzte die Lichter an das Him-
melsgewölbe, damit sie über die Erde hin leuchten,
[18]über Tag und Nacht herrschen und das Licht von
der Finsternis scheiden. Gott sah, dass es gut war.
[19]Es wurde Abend und es wurde Morgen: vierter Tag.

[20]Dann sprach Gott: Das Wasser wimmle von leben-
digen Wesen und Vögel sollen über dem Land am
Himmelsgewölbe dahinfliegen. [21]Gott schuf alle Ar-
ten von großen Seetieren und anderen Lebewesen,
von denen das Wasser wimmelt, und alle Arten von
gefiederten Vögeln. Gott sah, dass es gut war. [22]Gott
segnete sie und sprach: Seid fruchtbar und vermehrt
euch und bevölkert das Wasser im Meer und die Vö-
gel sollen sich auf dem Land vermehren. [23]Es wurde
Abend und es wurde Morgen: fünfter Tag.

[24]Dann sprach Gott: Das Land bringe alle Arten von
lebendigen Wesen hervor, von Vieh, von Kriechtie-
ren und von Tieren des Feldes. So geschah es. [25]Gott
machte alle Arten von Tieren des Feldes, alle Arten
von Vieh und alle Arten von Kriechtieren auf dem
Erdboden. Gott sah, dass es gut war. [26]Dann sprach
Gott: Lasst uns Menschen machen als unser Abbild,
uns ähnlich. Sie sollen herrschen über die Fische des
Meeres, über die Vögel des Himmels, über das Vieh,
über die ganze Erde und über alle Kriechtiere auf
dem Land. [27]Gott schuf also den Menschen als sein
Abbild; als Abbild Gottes schuf er ihn. Als Mann und
Frau schuf er sie. [28]Gott segnete sie und Gott sprach
zu ihnen: Seid fruchtbar und vermehrt euch, bevöl-
kert die Erde, unterwerft sie euch und herrscht über
die Fische des Meeres, über die Vögel des Himmels
und über alle Tiere, die sich auf dem Land regen.
[29]Dann sprach Gott: Hiermit übergebe ich euch alle
Pflanzen auf der ganzen Erde, die Samen tragen, und
alle Bäume mit samenhaltigen Früchten. Euch sollen
sie zur Nahrung dienen. [30]Allen Tieren des Feldes,
allen Vögeln des Himmels und allem, was sich auf
der Erde regt, was Lebensatem in sich hat, gebe ich
alle grünen Pflanzen zur Nahrung. So geschah es.
[31]Gott sah alles an, was er gemacht hatte: Es war sehr
gut. Es wurde Abend und es wurde Morgen: der
sechste Tag.

2 [1]So wurden Himmel und Erde vollendet und ihr
ganzes Gefüge. [2]Am siebten Tag vollendete Gott das
Werk, das er geschaffen hatte, und er ruhte am sieb-
ten Tag, nachdem er sein ganzes Werk vollbracht
hatte. [3]Und Gott segnete den siebten Tag und erklär-
te ihn für heilig; denn an ihm ruhte Gott, nachdem
er das ganze Werk der Schöpfung vollendet hatte.
[4a]Das ist die Entstehungsgeschichte von Himmel
und Erde, als sie erschaffen wurden.

Baustein 1

# Trösten heute – meine Erfahrungen mit Trost

Dieser erste Baustein soll die Schüler zum Thema Trösten hinführen und Interesse wecken. Dabei steht der Blick auf die Lebenswelt im Vordergrund: Eigene Trosterfahrungen und Voreinstellungen sollen zur Sprache gebracht werden. Ziel ist es, das Alltagsphänomen Trost bewusst zu reflektieren und eigene Fragen sowie ggf. Thesen zu entwickeln. Im Rahmen der (etwa vier) Unterrichtsstunden kann sich der Lehrer darüber hinaus nicht nur ein Bild der Lernausgangslage verschaffen, sondern mit den Schülern auch eine erste Systematisierung des Phänomens Trost erarbeiten.

## Annäherungen an das Thema Trost

→ Arbeitsblätter 1 und 2a/b, S. 31–33
→ Zusatzmaterial 2a/b, S. 34f.

### Sachanalyse

**Trösten – ein alltägliches Phänomen**

Jeder Mensch weiß, was es bedeutet, getröstet zu werden oder andere zu trösten: „Wer hat noch nie zumindest eine Trost-Bemühung erfahren, oder hat noch nie versucht, sich über etwas hinwegzutrösten? Wem war noch nie trostlos zumute, oder wer ist im Versuch zu trösten noch nie gescheitert?" (R. Feiter, Trösten – oder: die Kunst nicht trösten können zu wollen, in: Pastoraltheologische Informationen 26 (Februar 2006), 149–160, 149). Trösten ist ein überaus menschliches Phänomen, mit dem ein jeder vertraut ist und das im Alltag mal mehr, mal weniger *bewusst* wahrgenommen wird. Sehr unterschiedlich können dabei die Anlässe und die Weisen des Tröstens sein: Getröstet wird bei Liebeskummer, schlechten Prüfungen und kleinen Wehwehchen, ebenso bei Krankheiten oder Todesfällen. Mal geschieht es zu Hause durch ein ausgiebiges Gespräch, manchmal auch durch wenige Sätze zwischen ‚Tür und Angel'. Manche Menschen tröstet der ausgiebige Konsum von Schokolade, für andere ist es diese oder jene Geste zur richtigen Zeit.

→ Baustein 2

Wenn es unter den unzähligen Formen der Trost-Spende so etwas wie ein Sinnbild, eine ‚ur- oder archetypische Vorstellung' allen Tröstens gibt, dann ist es vermutlich das Bild einer Mutter, die ihr weinendes Kind, das beim Spielen hingefallen ist, liebevoll auf den Arm nimmt, es beruhigt und umsorgt. Mögen es die Erinnerungen an die eigene Kindheit sein oder auch die Erfahrungen aus Elternperspektive: Für viele Menschen kommt in dieser Mutter-Kind-Situation zum Vorschein, was Trost wohl im Innersten ausmacht: Fürsorge, Zuwendung, Geborgenheit.

**Spurensuche: Was heißt eigentlich ‚trösten'?**

Die genannten Empfindungen liegen auch der Herkunft und Geschichte des Wortes sehr nahe, denn Trost lässt sich etymologisch auf „festes Holz" oder auch „innere Festigkeit" zurückführen. Das Erste spiegelt sich heute noch im englischen Wort ‚tree' wider, das Zweite führt im Deutschen zu den Begriffen ‚trauen', ‚vertrauen' und ‚Treue' (vgl. auch M. Hoffmann, Das Phänomen des Tröstens aus praktisch-theologischer Sicht. WWU Münster, Münster 2006, unveröffentlicht). Trost bezeichnete damit ursprünglich eine Art von Grundbefindlichkeit, die sich durch Sicherheit und Vertrauen auszeichnete. Neben dieser eher passiven Haltung konnte es darüber hinaus jedoch auch „die gewährung (bzw. das empfangen) von festigkeit durch die tat (‚hilfe, schutz, rettung, hilfeversprechen')" (J. und W. Grimm, Artikel „Trost I", in: Deutsches Wörterbuch, Bd. 11 (1. Abteilung), Nachdruck München 1991, 901–914, 903) ausdrücken, also eine sehr praktische Form sichtbarer Hilfe und Unterstützung zum Ausdruck bringen.

Etwa ab dem späten Mittelalter kam es dann zu einer zunehmenden Verwendung des Wortes in religiösen Kontexten sowie in der christlichen Literatur, womit bezeichnenderweise eine zunehmende Verinnerlichung des Begriffs zu beobachten war: Im Laufe der Zeit wurde Trost immer weniger als sichtbare Hilfe, denn als seelische Stärkung und guter Zuspruch verstanden (vgl. V. Weymann, Trost? – Orientierungsversuch zur Seelsorge, Zürich 1989, 42).

Dies bestätigt sich beim Blick auf den heutigen Sprachgebrauch: Zeitgemäß beschreibt der Duden Trost heute allgemein als „etwas, was jemanden in seinem Leid, seiner Niedergeschlagenheit aufrichtet" (Art. „Trost", in: Duden – Wörterbuch der deutschen Sprache (Band 9), 3. Auflage, Mannheim 1999, 3982). Im Vergleich zu früher beschreibt es also nicht mehr in erster Linie die Vermittlung innerer Festigkeit oder eine ‚getroste' Lebenshaltung, sondern die Überwindung und den Umgang mit einer *konkreten* Leidsituation.

Es ist hilfreich sich diese Bedeutungsentwicklung vor Augen zu halten, da die Frage danach, ob Trost lediglich als punktuell-situatives Desiderat oder im Sinne einer grundlegenden (Sinn-)Deutung von Welt verstanden wird, das Kernanliegen dieser Unterrichtsreihe berührt.

**Lebensweltlicher Befund: Andere und sich selbst trösten**
Folgt man der Umgangssprache und dem lebensweltlichen Befund (etwa in Begriffen wie *Trost spenden, Trost empfangen, sich trösten, Trostpflaster* etc.), kann Trösten vor allem auf zweierlei Weisen unterschieden werden:

- Es wird entweder als *interpersonales* und *transitives* Geschehen – und damit ganz im Sinne einer Trost-*Spende* – verstanden. In diesem Fall besteht es vor allem in Zuspruch und Anteilnahme.
- Oder es tritt auf als *reflexiver*, und somit *intransitiver* Vorgang, bei dem es vor allem darum geht, *sich* über etwas hinwegzutrösten, oder *sich* mit etwas zu beruhigen (vgl. R. Feiter, Trösten, 152).

Es ist auffällig, dass viele Menschen das Trösten als eine sehr persönliche und schwierige Angelegenheit wahrnehmen. „Trösten ist wohl eine der schwierigsten Aufgaben, vor der ein Mensch im Umgang mit anderen stehen kann. Denn wie soll das gehen, Leidenden beizustehen, ihnen in trostloser Zeit im Dasein Stütze zu sein, ihnen hilfreiche, aufbauende Worte anzubieten, die nicht gleich im Verdacht stehen, eher vertrösten, verharmlosen, überdecken und ablenken zu wollen?" (G. Langenhorst, Das Formulieren von Trostlosigkeit ist mein Trost, in: Diakonia 34 (2003), 390–398, 390).

Große Sensibilität und Vorsicht scheinen den meisten Menschen unbedingt angebracht, damit eventuelle Trost-Versuche nicht scheitern, die als ‚aufgesetzt' oder trivial empfunden werden könnten. Dies erklärt zweifelsohne auch, weshalb in vielen Umfragen und Gesprächen, in denen es um richtige bzw. angemessene Verhaltensweisen gegenüber Trostbedürftigen geht, immer wieder Antworten zu finden sind wie *Zuhören, Sichzeitnehmen, Beistehen, gemeinsames Schweigen* – diese und ähnliche Umgangsweisen gelten für viele geradezu als Grundvoraussetzung in Trostsituationen.

Interessant erscheint in diesem Kontext die Frage, weshalb von vielen Menschen – und insbesondere von Jugendlichen und jungen Erwachsenen – die Aufgabe, Mitmenschen zu trösten, zunehmend als ein intimes und „höchst anspruchsvolles Unternehmen" (R. Feiter, Trösten, 151) empfunden wird und viele Menschen „so sehr die Sorge haben, in Trost-Situationen scheitern zu können" (ebd.).

G. Langenhorst verweist in diesem Kontext auf eine Entwicklung, die nicht nur theologisch und soziologisch interessant ist, sondern auch eine pädagogisch-didaktische Perspektive bereithält. Denn die Frage nach der Wahrnehmung von Trost berührt auch die Frage nach dem Umgang mit Leid sowie dem zu beobachtenden gesellschaftlichen Trend, dieses immer mehr in den Rahmen des Privaten zu verdrängen. Krisen und Kontingenzerfahrungen werden heute im Allgemeinen nicht mehr als Teil und Aufgabe einer sozialen Gemeinschaft gesehen. Als Ideale der Gesellschaft gelten Schlagwörter wie Jugend, Freiheit, Gesundheit, Wohlstand und Unabhängigkeit. Trauer, Krankheit und Leid werden nicht nach außen getragen – es sei denn durch die Massenmedien, wodurch der *persönlichen* Konfrontation jedoch einmal mehr aus dem Weg gegangen wird. Festzustellen ist, dass damit auch das Trösten zunehmend von ‚professionellen Tröstern' und Spezialisten wie Psychologen, Therapeuten und Pflegern erledigt wird und nur noch im privaten Rahmen stattfindet (vgl. G. Langenhorst, Trösten lernen? – Profil, Geschichte und Praxis von Trost als diakonischer Lehr- und Lernprozess, Ostfildern 2000, 21).

Diese kontinuierliche Verlagerung des Umgangs mit Leid an den gesellschaftlichen Rand übt insofern auf die Menschen Druck aus, als durch sie einmal mehr suggeriert wird, die persönlichen Probleme seien allein die ‚Privatsache' eines jeden einzelnen, die er auch allein mit sich selbst auszumachen habe. Eine solche Entwicklung wäre aus biblisch-christlicher Sicht kritisch zu hinterfragen.

H. Luther schreibt zur Professionalisierung des Tröstens heute:
„Der psychologisierende Blick konstruiert das Leiden als ein solches, das vorrangig dem *einzelnen* zuzuschreiben ist. Das therapeutische Interesse zielt darauf, dem *einzelnen* zu helfen, mit der Krise, an der er leidet, fertig zu werden. […] Dieses Denkmuster arbeitet unausgesprochen mit der Unterstellung, dass das ‚Ganze', d. h. der gesellschaftlich-geschichtliche Rahmen unseres individuellen Lebens ‚gesund' und ‚in Ordnung' sei. Nur der einzelne oder einzelne Systeme können versagen, das Ganze nicht." (H. Luther, Die Lügen der Tröster. Das Beunruhigende des Glaubens als Herausforderung für die Seelsorge, in: Praktische Theologie 33 (1998) 163–176, 164)

Mag dieser Befund auch diskutabel erscheinen, so erscheint es doch legitim danach zu fragen, ob es nicht auch diese wachsende Unfähigkeit des Umgangs mit Leid sein könnte, aus der heraus die zunehmende Unfähigkeit erklärt werden kann, „sich trösten zu lassen und Trost anders zu verstehen als pure Vertröstung" (J.-B. Metz, Religion, ja – Gott, nein, in: Ders. u. T. R. Peters, Gottespassion, Freiburg i. Br. 1991, 14–61, 31). Die bei vielen Menschen zu beobachtenden Berührungsängste und die Sorge, beim Trösten in allzu intime Bereiche einzudringen, legen diesen Schluss zumindest nahe. Damit wären theologisch zugleich einige Aspekte angerissen, die in der Arbeit mit den Schülern eine Rolle spielen können:

- *Wo und wie wird heute mit Leid und Problemen umgegangen?*
- *Woher kommt eine evtl. Angst oder Zurückhaltung beim Trösten und im Umgang mit Trauernden? Wäre es ggf. nicht wünschenswert, etwas aktiver und mutiger zu sein, wenn Trost gebraucht wird?*

Inwiefern das Gelingen von Trost ohnehin keinem Kalkül unterworfen werden kann, sondern von der individuellen Konstruktion von Wirklichkeit abhängig ist, wird im nächsten Baustein erläutern.

→ Baustein 2

## Methodischer Kommentar

SI SII

Im ersten Schritt der Unterrichtsreihe sollen die Schüler zunächst für das Thema sensibilisiert und ein Bewusstsein dafür geschaffen werden, warum es interessant und lohnenswert sein kann, sich mit einem scheinbar allzu vertrauten Phänomen wie dem Trösten intensiver auseinanderzusetzen. Jugendliche aller Altersstufen bringen Trosterfahrungen und Vor-Einstellungen mit. Der Lehrer sollte deshalb vor allem überlegen, *wie* diese Erfahrungen und Einstellungen im Hinblick auf seine jeweilige Lerngruppe angemessen zur Sprache gebracht werden können. Dies gilt einerseits wegen der hohen Intimität des Themas, aber andererseits auch wegen der teils unterschiedlich großen Bereitschaft, die die Jugendlichen in dieser Entwicklungsphase erkennen lassen, wenn es um die Darstellung persönlicher Erfahrungen geht. Eine entsprechende Sensibilität für Schüler, Lernatmosphäre sowie ggf. auch für geschlechtsspezifische Reaktionen ist in dieser Einstiegsphase notwendig.

→ vgl. Kap. 3.1, S. 22

Für die Gestaltung der **Einstiegsstunden** bieten sich offene und ganzheitliche Konzepte wie das des ‚Meinungs-Vierecks' oder einer ‚Meinungslinie' im Klassenraum an (**Zusatzmaterial 2a/b**, S. 34 f.). Hierbei handelt es sich um einfach umzusetzende Positionierungsspiele, die die Darstellung der persönlichen Standpunkte und einen Austausch zum Ziel haben. So lassen sich Vorwissen, Erfahrungen und Meinungen schüleraktiv visualisieren und Gespräche anregen, beispielsweise durch Impulse wie

- *Wie oft habe ich anderen Menschen schon Trost gespendet?*

Durch die Positionierung wird jeder Schüler in den Austauschprozess eingebunden.

Je nach Größe, Vertrautheit oder Gesprächsbereitschaft kann als **alternativer Einstieg** auch ein Fragebogen zum Thema Trost genutzt und anschließend besprochen werden (**Arbeitsblatt 1**, S. 31).

Um die inhaltliche Diskussion weiter zu vertiefen, können die Jugendlichen ggf. eigene Thesen zum Trösten aufstellen. Zur Anregung:

- *Entwickeln Sie eine These zum Thema ‚Trösten'. Formulieren Sie Ihre These in einem einzigen Satz.*
  *Ihre Mitschüler werden zu Ihrer These auf der Meinungslinie Stellung beziehen.*

  *Zur Erinnerung:* **eine These ist eine …**
  *Es ist eine noch zu beweisende Behauptung, die Wesentliches zu einem Thema in klarer, knapper Weise ausdrückt. Der Verfasser einer These hält diese für richtig. Eine These fordert andere zur Stellungnahme (Zustimmung, Ablehnung) auf.*

Als **Hausaufgabe** und **Gesprächsanlass** für die Folgestunden hat es sich bewährt, die Schüler Gegenstände mitbringen zu lassen, die von ihnen als tröstlich empfunden werden. In einer angemessenen Unterrichtsatmosphäre kann dadurch ein intensiver persönlicher Austausch angeregt werden. Insgesamt empfiehlt es sich, die Thematik mit einer gewissen Lockerheit und Offenheit anzugehen und Trost nicht verengt – oder nur im Sinne sehr ernster existenzieller Situationen – zur Sprache kommen zu lassen.

**Hausaufgabe:**

1. *Suchen Sie einen Gegenstand oder etwas aus, das Sie als tröstlich empfinden oder das Ihrer Meinung nach etwas mit Trost zu tun hat. Bringen Sie den Gegenstand – falls möglich – zur nächsten Stunde mit.*

2. *Begründen Sie Ihre Entscheidung schriftlich.*

Im weiteren Verlauf sollte dann eine **Systematisierung** erfolgen, die vor allem eine erste Unterscheidung zwischen Trost als einer rein punktuellen ‚Aufheiterungsstrategie' und einer grundlegend hoffnungsvollen Sinnperspektive erlaubt (vgl. **Arbeitsblatt 2a/b**, S. 32f.). Dies kann durch die Auseinandersetzung mit dem Liedtext „Was tröstet mich" geschehen, der die Vielfalt an Trostweisen ins Gedächtnis ruft. Das Lied lässt u. a. mit seiner Schlusszeile „Was tröstet mich, macht mich mutig für mein Morgen" erkennen, dass Trost hier auch in einem tieferen Sinne als Hoffnungs- und Sinnhorizont angefragt wird. Dieser Aspekt lässt sich als **Vertiefung und Vorbereitung** für die weitere Arbeit mit den Schülern ebenso aufgreifen wie die dargestellte Vielfalt der Trostarten, die in Erinnerung ruft, dass Trösten mit je höchst individueller Sinnfindung verbunden ist. Die Vertonung des Liedes hat Schlagercharakter und wurde daher nicht als Audioversion eingesetzt.

Beispiele von mitgebrachten Trostgegenständen

**Ermittlung der Lernausgangslage**
Die ersten Stunden sollen darüber hinaus dazu dienen, Erkenntnisse über die *Lernausgangslage* der Schüler zu gewinnen. Neben allgemeinen Rückschlüssen über Interessenslage und Lernverhalten kann themenspezifische ‚Diagnostik' erfolgen, z. B.

- Nehmen die Schüler einen Zusammenhang zwischen Religion und Trost wahr und wenn ja, welchen?
  - ➢ Gibt es besonders sensible oder heikle Themen bzw. Erfahrungen bei einzelnen Schülern, die in der folgenden Reihe berücksichtigt werden sollten?
- Inwiefern zeigt sich in den Äußerungen der Schüler die Fähigkeit, Trösten bereits als Frage von Wirklichkeitswahrnehmung zu erkennen?
- Fällt es den Schülern eher leicht oder schwer, sich persönlich einzubringen?
  - ➢ Ist es ggf. hilfreich, bestimmte Materialien aus der Lerntheke vorzuziehen, damit die Schülermotivation hoch bleibt?

# Was ist das eigentlich: Trösten?! – Ein kleiner Fragebogen

**Wie oft habe ich anderen Menschen bereits Trost gespendet?**

❑ noch nie ❑ eher selten
❑ eher häufig ❑ sehr häufig

**Wer war für mich als Kind der wichtigste Trostspender?**

❑ Eltern ❑ Geschwister ❑ Opa, Oma, Onkel, Tante o. Ä.
❑ ein bestimmter Freund/eine Freundin ❑ ____________

**Begründung:** Warum konnte ich mich gerade bei dieser Person getröstet fühlen? Welche Gefühle, Verhaltensweisen o. Ä. haben dazu beigetragen, dass ich mich hier besonders getröstet gefühlt habe?

____________
____________
____________

**Jemanden zu trösten finde ich ...**

❑ eigentlich nicht so schwierig, weil ____________
____________

❑ eher schwierig, weil ____________
____________

❑ kann ich nicht sagen, weil ____________
____________

**Mindestens zwei konkrete Situationen, in denen ich schon einmal von anderen getröstet wurde:**

____________
____________

**Welche Art von Trost (Verhaltensweisen, Aussagen, Ratschläge etc.) hilft mir gar nicht?**

____________
____________
____________

1. *Füllen Sie den Fragebogen zunächst für sich alleine aus und tauschen Sie sich anschließend mit Ihrem Partner oder einer Gruppe über Ihre Ergebnisse aus.*
2. *Markieren oder notieren Sie Gemeinsamkeiten und Unterschiede, die Sie feststellen konnten.*

# Thea Eichholz: Was tröstet mich?

Neue Schuhe, teure Taschen,
'ne Schokolade komplett vernaschen,
ein Ehering, ein Kind im Arm,
ein Feuer am Kamin, schön warm,
mit süßem Honig eine Tasse Milch,
ein Schnulzenfilm von Rosamunde Pilch
n' heißer Urlaub auf Hawaii,
ein Konzert von Bono oder Reinhard Mey?

Was tröstet mich,
macht mich mutig für mein Morgen?
Was tröstet mich,
ein Mittel gegen all das Sorgen?
Was tröstet mich,
schickt mir ein Lächeln bis ins Herz,
das sich so oft nur reimt
auf Trauer, Terz und Schmerz?
Was tröstet mich?
hilft wieder auf die Beine?
Was sagt mir: Du bist nicht alleine!

Ein schweres Gipfelkreuz erklimmen,
mit Endorphinen sich froh trimmen,
ein heißer Kuss von fremden Lippen,
ein Kick beim Sprung von hohen Klippen,
ein Ave-Maria, ein Kindergebet,
ein Trip ins Land, wo Buddha steht,
'ne Begegnung mit dem Dalai Lama,
ein Blick auf andre und ihr schlimmres Drama.

Was tröstet mich? ... macht mich mutig für mein Morgen?

So viel verspricht mir Trost auf Dauer.
So viel in mir liegt auf der Lauer
und hofft, dass alles besser wird.
Was muss ich mir nicht übermorgen
voll Mühe wieder nur ausborgen,
bis sich die Traurigkeit verliert?
Sag welcher Trost hat dich noch nie betrogen?
Sag welcher Trost ist nicht so bald verflogen?

Was tröstet mich? [...]

**Was tröstet mich?**
Thea Eichholz

# T. Eichholz: Was tröstet mich?

1. *Die Sängerin und Kabarettistin Thea Eichholz nennt in ihrem Lied viele Trostbeispiele. Suchen Sie sich vier davon aus und notieren Sie, was Menschen Ihrer Meinung gerade daran als tröstlich empfinden können (Einzelarbeit).*
2. *Vergleichen und diskutieren Sie Ihre Beispiele und Begründungen in Partnerarbeit.*
3. *Ordnen Sie gemeinsam die im Lied genannten Trostbeispiele in das folgende Raster ein.*

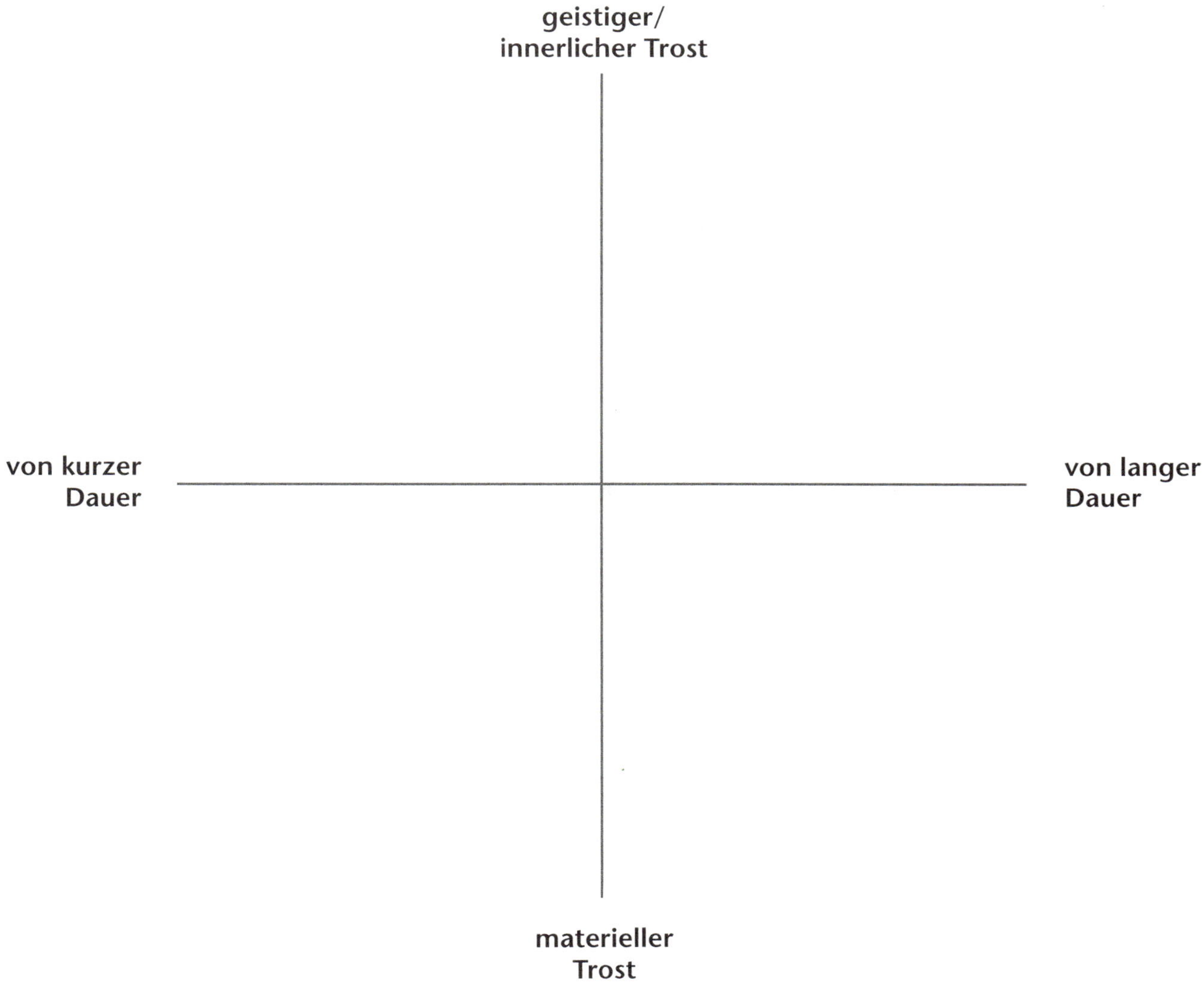

# Positionierungsspiele zur Ermittlung der Lernausgangslage

## Das Meinungs-Viereck

Der Lehrer stellt eine Frage oder These vor (ggf. visualisiert) und weist den Ecken des Klassenraumes vorgegebene Antwortmöglichkeiten zu. Er bittet die Schüler, jene Ecke des Klassenraums aufzusuchen, die jeweils der eigenen Antwort entspricht. Je nach Frage können an den Stationen zunächst kurze Austauschphasen untereinander stattfinden oder einzelne Schüler begründen direkt im Plenumsgespräch ihren jeweiligen Standpunkt bzw. erzählen von Vorerfahrungen.

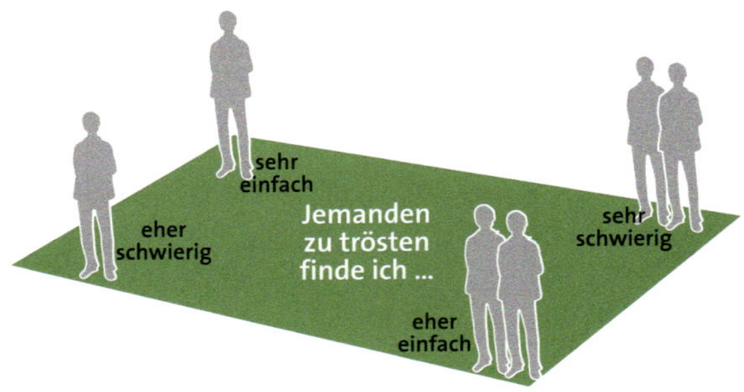


- **Wie oft habe ich anderen Menschen schon Trost gespendet?**

| | |
|---|---|
| **1. noch nie** | **2. selten** |
| **3. häufig** | **4. sehr häufig** |

Anregungen für das ‚Eckengespräch' in Zweier- oder Dreiergruppen:
- Erzählt euch kurz eine typische oder besondere Trostsituation.
- Überlegt, woran es liegen könnte, dass manche Menschen vielleicht besonders gut als Trostspender geeignet scheinen, andere eher weniger.

- **Wer ist heute für mich der wichtigste Trostspender?**

| | |
|---|---|
| **1. Eltern** | **2. Geschwister** |
| **3. Opa, Oma** | **4. Freunde** |

Anregungen für das ‚Eckengespräch' in Zweier- oder Dreiergruppen:
- Wodurch gelang es einem anderen Menschen konkret dich zu trösten? Was wurde gesagt, getan?
- Welcher Trost hat gar nicht geholfen?
- Was tröstet deiner Meinung nach besser: Materielle Dinge (Geschenke o. Ä.) oder immaterielle Dinge (Gesten, Worte o. Ä.)? Begründe deine Entscheidung.

- **Jemanden zu trösten finde ich …**

| | |
|---|---|
| **1. sehr schwierig** | **2. eher schwierig** |
| **3. sehr einfach** | **4. eher einfach** |

Anregungen für das ‚Eckengespräch' in Zweier- oder Dreiergruppen:
- Überlegt gemeinsam, wieso ihr zu dieser Einschätzung kommt und sammelt Gründe, sodass sie jemand aus eurer Gruppe vortragen kann.

- **Weitere, eigene Fragen …**

# Die Meinungslinie

Hier positionieren sich die Schüler zu einer vorgegeben Frage oder These, indem sie zwischen zwei gegensätzlichen Antwortmöglichkeiten entlang einer Linie Stellung beziehen. Einzelne Schüler werden nach der Begründung für ihre Position gefragt oder nach einem Beispiel, an dem sie ihre Position festmachen.

**„Religion kann Menschen Trost spenden."**

Dieser Aussage stimme ich ...

völlig zu, weil ... gar nicht zu, weil ...

**„Jungen und Männer benötigen weniger Trost als Mädchen und Frauen."**

Dieser Aussage stimme ich ...

völlig zu, weil ... gar nicht zu, weil ...

## Weitere Thesen zum Trösten für die Diskussion

- Trösten geschieht durch andere – man selbst ist derjenige, der sich am Ende tröstet.
- Eine Voraussetzung für erfolgreiches Trösten ist, dass man selbst schon einmal Trost gebraucht hat.
- Was der eine als Trost empfindet, ist für einen anderen nur Vertröstung.
- Menschen, die einer Person nahestehen, können die Person am besten trösten.
- Jeder Mensch kann andere trösten, wenn er nur wirklich will.
- Wer trösten will, muss sensibel für den zu Tröstenden sein.

Baustein 2

# Trost finden – die eigene Wirklichkeit neu deuten

→ Arbeitsblätter 3, 4 und 5 a/b, S. 40–43
→ Zusatzmaterial 3, S. 44

## Trost als Erfahrung

### Sachanalyse

Begriffsdefinitionen zum Trostbegriff lassen zwar eine funktionale Bestimmung dessen zu, was unter Trost verstanden werden kann, über die *konkreten* Formen des Tröstens sagen sie jedoch nichts aus. Diese können höchst unterschiedlicher Natur sein. Worte können tröstlich sein, ebenso wie bestimmte Taten. Mal ist es eine zärtliche Geste, die tröstet, mal bedarf es einer ‚harten' und ermahnenden Wahrheit, die eine tröstliche Wirkung entfaltet. Was der eine als kitschigen Trostglücksbringer oder unpassende Bemerkung empfindet, das ist für andere genau das, was gerade richtig ist, um wieder aufschauen zu können.

Erkenntnistheoretisch lässt sich feststellen: Trost kann nicht als objektiver oder materiell manifester Gegenstand definiert werden, sondern wird als individueller Vorgang und Beziehungsgeschehen *erfahren*. Sei es im transitiven oder reflexiven Sinne: Trost ist nur als ‚Gegenstand der Erfahrung' zur Sprache zu bringen und liegt auf der gleichen Ebene erfahrungsbezogener Begriffe wie Angst, Hoffnung oder Liebe. Hermeneutisch bedeutet das: Wer über Trost redet, der hat ihn als je individuelles und erfahrungsbezogenes *Phänomen* wahrzunehmen und sich dessen bewusst zu sein. Damit gibt es *den* Trost ebenso wenig wie *die* Angst, sondern vielmehr nur das, was von *jemandem als tröstlich* empfunden wird.

> *„Was heißt eigentlich Trösten?*
> *Schon als Kind ist mir das nie ganz klargeworden. Ich hatte eine Beule, die Mutter tröstete mich, aber die Beule blieb."*
> Peter Noll
>
> P. Noll, Diktate über Sterben und Tod. Mit der Totenrede von Max Frisch, Pendo, Zürich 1984, S. 23)

Die subjektive Dimension des Trostgefühls ist noch in einem anderen Sinne von Bedeutung. Denn wie das Zitat von Peter Noll verdeutlicht, liegt in ihr ein entscheidendes Merkmal des Trostgeschehens: Was die Trosterfahrung auszeichnet, ist nicht in erster Linie eine ‚objektive' Veränderung oder etwa die unmittelbare Beseitigung der Ursachen des Leids. Diese *kann* eine Rolle spielen. Das entscheidende Moment für gelingenden Trost ist jedoch zunächst eine neue, veränderte Wahrnehmung der Wirklichkeit des Trostbedürftigen: So wie das Kind durch den guten Zuspruch der Mutter neues Vertrauen gewinnt und die körperlichen Schmerzen die Wahrnehmung nun weniger dominieren, so entsteht Trost grundsätzlich dort, wo es möglich wird, durch ein entsprechendes Trostangebot die je eigene Lage *anders* oder *neu* zu bewerten, sodass eine positive und sinnstiftende Perspektive zurückkehrt. Dasjenige, was als tröstlich empfunden wird, eröffnet der hilfsbedürftigen Person eine neue Sichtweise auf die als misslich oder bedrohlich empfundene Situation.

Auch die Psychologie – soweit erforscht – bestätigt den Zusammenhang von Trost und Sinnkonstruktion und rückt das Thema damit zugleich in das Feld der *Deutung von Wirklichkeit* und *konstruktivistischer* Fragestellungen (Arbeitsblatt 6, S. 47).

In Anlehnung an pastoralpsychologische Arbeiten und Theorien des englischen Psychoanalytikers D. W. Winnicott kann noch auf einen weiteren Faktor aufmerksam gemacht werden, der beim Trösten eine Rolle spielt und entscheidend in die Frage hineinspielt, ob ein Trostversuch glückt oder misslingt, nämlich die zu tröstende Person selbst. Von ihr, respektive *ihrer* Möglichkeit einer *eigenen* Sinngebung hängt es im Letzten ab, ob und inwiefern die Trostbemühungen eines anderen gelingen können:
Nur wenn der Trostsuchende aus dem, was ihm entgegengebracht wird – sei es ein gutes Wort, ein Deutungsversuch, eine gemeinsame Handlung, ein Gedicht oder ein Lied – einen *eigenen* Sinn hervorbringen kann, kommt es auch zum Trostereignis.

Oder anders gewendet: Es ist nicht die *eine* richtige Verhaltensweise, der *eine* bestimmte gute Zuspruch oder die *eine* bestimmte Geste, die als Garant dafür gelten können, dass eine Trostbemühung gelingt, sondern es liegt vielmehr daran, ob der Trauernde a) dieses Angebot annehmen will und b) aus diesem einen eigenen Sinn hervorzubringen vermag (vgl. R. Feiter, Trösten; *oder* M. Hoffmann, Das Phänomen des Tröstens).

Das Kuscheltier, das verschenkt wird, die Hand, die zärtlich streichelt, der aufmunternde Spruch oder Schulterklopfer – all das kann als tröstlich empfunden werden, und dennoch: Am Ende hängt es am Trostbedürftigen selbst, ob ihn *dieses* Geschenk, *diese* Berührung oder *diese* Geste einen eigenen, neuen Sinn finden lässt und damit zu *seinem* Kuscheltier wird usw..

„Der Trost im transitiven Sinne, der Trost, den ich spende, ist deshalb entweder wirklich ‚Spende', in der etwas gegeben, übereignet wird, meinen Machtbereich verlässt, d. h.: Trösten im transitiven Sinne geht über in das Trost-*Finden* der anderen Person, oder Trost findet nicht statt". (R. Feiter, Trösten, 159)

Wer diesem Gedanken folgt, der mag Verunsicherung und Entlastung zugleich empfinden, bedeutet er doch einerseits: Für gelingenden Trost kann und wird es – ebenso wie für jedes andere Beziehungsgeschehen – kein ‚Patentrezept' geben. Auf der anderen Seite kann es jeden einzelnen auch ermutigen, sich auf das Wagnis des Tröstens einzulassen und der Möglichkeit des Scheiterns zumindest ein Stück weit reflektierter zu begegnen.

Im Sinne einer verantwortlichen und reflektierten Trostpraxis sei auch noch auf die Gefahren hingewiesen, die dem Trösten wie jedem anderen fürsorgenden Handeln anhaften können. Diese können sich gerade in solchen Situationen zeigen, in denen eine Trostspende um jeden Preis gelingen soll: „Vertrösten im Wortsinne heißt, einem Menschen, der mit einem bestimmten Wunsch an mich herantritt, die Erfüllung seines Wunsches für einen späteren Zeitpunkt in Aussicht zu stellen. In vielen Alltagssituationen ist das ebenso unumgänglich, wie es eine wahrhaftige Reaktion darstellen kann. Problematisch wird es erst, wenn meinerseits entweder nicht der Wille existiert oder überhaupt nicht die Möglichkeit besteht, das Erfragte oder Erwünschte zu geben. [...] Das Perfide einer Vertröstung liegt nämlich zuletzt darin, dass ich den Wunsch und dann die Hoffnung der anderen Person dazu missbrauche, *sie an mich zu binden*, sie zu *mir* zurückkommen, vielleicht *immer wieder* zurückkommen zu lassen." (R. Feiter, Trösten, 159)

Vor diesen Versuchungen, denen sich ein Tröster bewusst sein sollte, warnt Feiter, und umschreibt Trösten deshalb als ‚die Kunst, nicht trösten können zu wollen': „Nicht trösten *können zu wollen*, meint [...] beiden Versuchungen zu widerstehen. Die erste Versuchung heißt: ‚Ich will, dass *mein* oder *unser* (kirchliches, christliches) *Sinn*angebot dich tröstet.' [...]. Aber auch der anderen Versuchung ist zu widerstehen, nämlich: „Ich will, dass ich dich tröste durch *meine* Zuwendung, durch *mein* Verständnis, durch *mein* Engagement, durch die Zeit, die ich dir schenke. Dadurch Selbst-Bestätigung erfahren zu wollen, dass ich es vermag oder auch dass wir es *vermögen*, dich zu trösten, mag in der Praxis sogar der Kern von Vertröstung sein." (R. Feiter, Trösten, 160)

## Methodischer Kommentar

SI SII

Die hier skizzierten Gedanken sollen vor allem den Hintergrund für die Lehrperson und die weitere Auseinandersetzung mit dem Phänomen Trost bilden. Sie sollen mit den Schülern jedoch keineswegs in dieser Breite und Tiefe erarbeitet werden.

Nachdem im ersten Baustein eine intensive Auseinandersetzung mit dem Thema stattgefunden hat, bei der vor allem die eigenen Erfahrungen und der lebensweltliche Umgang mit dem Phänomen im Vordergrund standen, soll in diesem zweiten Baustein der Zusammenhang von Trost und Wirklichkeitswahrnehmung erschlossen werden. Erfahrungsgemäß sind Schüler in dieser Altersstufe noch gar nicht bzw. wenig mit der Sicht vertraut, wie sehr das eigene Leben von der persönlichen Deutungs- und Denkperspektive abhängt. Auch dafür sollen sie im weiteren Verlauf der Einheit sensibilisiert werden.

Zum **Einstieg** in die Sequenz lässt sich ein erster Zusammenhang von Trost und Wirklichkeitsdeutung gut an dem Zitat von Peter Noll (s. o.) mit den Schülern herausarbeiten (**Arbeitsblatt 3**, S. 40). Dieses kann mithilfe einer Think-Pair-Share-Aufgabenstellung oder alternativ im Unterrichtsgespräch ausgewertet werden. Wie sich gezeigt hat, gelingt es den Schülern recht gut, Trost als einen vorrangig psychischen Prozess zu identifizieren und von der tatsächlichen (äußeren) Änderung einer Notsituation zu differenzieren. Als **Hilfestellung** kann die Lehrkraft ggf. die beiden Begriffe ‚Trost' und ‚Heilung' für die gemeinsame Besprechung oder ein Tafelbild nutzen. Andere Trostbeispiele, wie etwa das auf dem Arbeitsblatt bereitgestellte, können die Erkenntnis vertiefen, dass Trost zunächst ‚Kopfsache' ist. Die Schüler sollten in jedem Fall erklären können, inwiefern Trösten nicht primär eine Leidsituation verändert, sondern eine Umdeutung ermöglicht, sodass dadurch Heilung oder Linderung möglich ist.

In der nun folgenden **Vertiefung** erweitert sich die Perspektive insofern, als nun die grundsätzliche Sinnfrage in den Blick genommen werden soll, die mit dem Spenden von Trost verbunden ist: Lassen sich Trost und Mut überhaupt vermitteln, wenn derjenige, der dies tut nicht selbst eine grundsätzliche Hoffnungs- und Sinnperspektive auf Leben und Welt hat?! Anders gewendet: Ist Tröstung – bei aller Brüchigkeit des Lebens – nicht doch Ausdruck des eigenen tiefen Vertrauens, dass letztlich doch ‚alles gut ist'?

Als Impuls für die **Erarbeitung** wird den Jugendlichen noch einmal die Situation eines kleinen Kindes vor Augen geführt, das nachts aufwacht, und verängstigt durch einen schlechten Traum, die elterliche Nähe sucht (**Zusatzmaterial 3**, S. 44).

Falls die Lerngruppe dafür zugänglich ist und die Rahmenbedingungen stimmen, kann dieser Einstieg auch als richtige Fantasiereise ausgestaltet werden. In jedem Fall aber sollen die Schüler die Situation bewusst nachspüren, um dann nach der Schilderung durch den Lehrer die Szene in Einzelarbeit stichpunktartig fortzusetzen, indem sie das mögliche Reaktionsverhalten der tröstenden Eltern skizzieren. Möglichst konkret sollen einzelne Aussagen oder Handlungen, die Mutter oder Vater tun könnte, festgehalten werden. Der Bildimpuls kann die Erzählung ggf. unterstützen.

Die **Ergebnissicherung** kann von den Schülern selbst an der Tafel vorgenommen werden. Die präsentierten Äußerungen sollten in jedem Fall für den weiteren Verlauf der Reihe dokumentiert werden, denn sie werden beim späteren Blick auf die tröstliche Wirkung der Schöpfungserzählung noch relevant werden, so z.B.: ‚Licht ‚anmachen', ‚das Chaos beruhigen', ‚Alles-ist-gut-Zusage'.

***Was tun die Eltern, um ihr Kind zu trösten?***

- *Licht anmachen*
- *Lied singen, Spieluhr anmachen*
- *Kind in den Arm nehmen*
- *positive Geschichte erzählen – mit einem „Happy End"*
- *Kind zu sich mit ins Bett nehmen*
- *tröstende Worte sprechen: „Ist doch alles in Ordnung!", „Alles ist gut!"*
- *versichern, dass es keine ‚bösen' Geister gibt.*

*Möglicher Tafelanschrieb zur Fantasieübung*

Die geschilderte Situation wird im weiteren Verlauf unter einer für die Schüler erfahrungsgemäß überraschenden Fragestellung diskutiert, die durch einen Textauszug des Religionssoziologen Peter L. Berger eingebracht wird. Zu diesem Zweck wird die Aussage ‚Alles ist gut!', oder ggf. ‚Alles wird gut' herausgegriffen, die die Schüler in die vorherigen Überlegungen vermutlich auch selbst eingebracht haben (**Arbeitsblatt 4**, S. 41). Sie bildet den Ausgangspunkt für Bergers Überlegungen und die folgende **Erarbeitung**: ‚Dürfen Eltern in einer Welt mit so viel Leid und Elend ihrem Kind überhaupt sagen, dass ‚alles gut wird'? Belügen sie ihr Kind nicht?'

Die durch den Text angeregte Frage motiviert die Schüler und führt zu einer hohen *kognitiven Aktivierung* und kann nach dem Think-Pair-Share-Prinzip bearbeitet werden. Nach einer ersten persönlichen Auseinandersetzung und einer Austauschphase in Partnerarbeit kann der Lehrer in der Präsentationsphase an der Argumentation der Schüler feststellen, ob diese ggf. den Aspekt eines grundsätzlichen transzendenten Vertrauens überhaupt in Erwägung ziehen.

→ vgl. Kapitel 3.1, S. 22

In der **Vertiefung** (**Arbeitsblatt 5a/b**, S. 42f.) folgt die Konfrontation mit den drei Antwortmöglichkeiten, die Berger selbst gibt. Diese werden stichpunktartig erarbeitet, mit den eigenen Vorüberlegungen verglichen und im Hinblick auf weitere – aus Sicht der Schüler – diskutable Aspekte untersucht. Während die Antworten a) und b) durchaus dem gewöhnlichen Denkhorizont der Jugendlichen entsprechen, ist in den meisten Fällen zu erwarten, dass die Ausführungen zu Antwort c) gedankliches Neuland darstellen, weil sie Trost in transzendente Zusammenhänge setzen und das Vertrauen des Glaubens ins Spiel bringen. Diese Gedanken führen im Sinne der Kohlberg'schen ‚Plus-Eins-Intervention' zu einer kognitiven Dissonanz und somit zu einer *kognitiven Aktivierung*. Durch die dritte Aufgabenstellung kann den Schülern der ‚Mehrwert' der Arbeit am Berger-Text und ihre *eigene Lernprogression* deutlich werden (*Metakognition*).

Ziel dieses Schrittes soll es nicht sein, dass die Schüler diesen oder jenen Standpunkt übernehmen, sondern dass sie eine begründete Stellungnahme für ihre Sichtweise abgeben und sich intensiv mit den Argumenten auseinandersetzen. Im auswertenden Unterrichtsgespräch sollten sie in der Lage sein, erklären zu können, inwiefern im Kontext des Tröstens auch die grundsätzliche Frage nach einem Vertrauen in das Leben eine Rolle spielt, auch wenn sie selbst nicht Position c) für sich in Anspruch nehmen wollen.

Hinweis: Für jüngere oder nicht so leistungsstarke Lerngruppen kann an dieser Stelle der Unterrichtsreihe alternativ auch das Material aus Station fünf der Lerntheke (Nina Ruge: ‚Alles wird gut!') eingesetzt werden. In heterogenen Lerngruppen ist es im Sinne der Binnendifferenzierung möglich, beide Texte parallel zu verwenden.

# Trösten – ein merkwürdiges Phänomen

„Was heißt eigentlich Trösten?

Schon als Kind ist mir das nie ganz klar geworden.
Ich hatte eine Beule, die Mutter tröstete mich, aber die Beule blieb."

Peter Noll, Diktate über Sterben und Tod. Mit der Totenrede von Max Frisch, Pendo, Zürich 1984, S. 23

1. *Setzen Sie sich zunächst allein mit dem Zitat von Peter Noll auseinander und verfassen Sie dann eine Antwort auf die von ihm gestellte Frage und seine Gedanken.*

2. *Vergleichen Sie Ihre Antwort mit der Ihres Partners und bereiten Sie eine gemeinsame Antwort vor, die Ihre Überlegungen zusammenfasst und die Sie den anderen vorstellen können.*

3. *Für ein Zeitungsmagazin wurden Menschen, die Schicksalsschläge erlebt haben, dazu befragt, was sie getröstet hat. Hier finden Sie eine der Antworten:*

**ARND B., Schlossermeister in Düsseldorf, ging mit seinem Stahlbaubetrieb pleite. Der Konkurs der Firma hatte auch seine Privatinsolvenz zur Folge.**

„Irgendwann konnte ich das Unvermeidliche nicht länger hinausschieben: Ich ging zum Amtsgericht und gab meinen Insolvenz-Antrag[1] ab. Dieser Moment war ganz fürchterlich. Ich wäre am liebsten in einem Mauseloch verschwunden und nie wieder rausgekommen. Ich fühlte mich als Versager, hatte keine Perspektive mehr. In den Tagen danach ging es mir sehr schlecht, bis ich mich einer Therapeutin erinnerte, die ich zufällig kennengelernt hatte. Ich habe sie gefragt, ob ich mal für eine Stunde vorbeikommen könnte, zum Ausheulen. In der kurzen Zeit habe ich mich mit ihrer Hilfe wieder aufgebaut. Sie hat mir geholfen zu erkennen, dass das, was mich ausmacht, nicht das ist, was ich habe oder im Beruf leiste, sondern das, was ich bin. Mein Menschsein an sich. Es waren nur ein paar Worte, aber die waren entscheidend für mich. Ich hatte mich verlaufen, mit ihrer Hilfe habe ich meinen Weg wiedergefunden."

G. Herpell u. J. Waechter, Zum Trost, in: SZ Magazin 15 (2013), 24–28

[1] Gesetzliche Erklärung, die aussagt, dass eine Firma zahlungsunfähig oder tief verschuldet ist, sodass sie ihren Zahlungsverpflichtungen nicht mehr nachkommen kann.

*Vergleichen Sie diese Schilderung mit der Aussage von Peter Noll im Hinblick darauf, was entscheidend war im Moment des Trostgefühls. Erklären Sie das Phänomen, in dem Sie fortsetzen:*

***Trost geschieht in dem Moment, in dem …***

______________________________________________

______________________________________________

# „Alles ist gut!" – Belügen die Eltern ihr Kind? (P. L. Berger)

Peter L. Berger, geb. 1929 in Wien, lebt seit 1946 in den USA, wo er Soziologie und Philosophie studierte. Seit 1981 ist Berger Professor für Soziologie und Theologie an der Boston University. Das zentrale Arbeits- und Forschungsfeld Bergers bildet die Religionssoziologie. Er hat sich auch damit beschäftigt, wie Eltern ihre Kinder trösten und kommt zu einer interessanten Frage.

Ein Kind erwacht, vielleicht aus einem schlimmen Traum, es ist allein, von nächtlicher Dunkelheit umgeben und fühlt in sich großer Angst und Verlassenheit. Die vertrauten Umrisse der Wirklichkeit verwischt, ja unsichtbar. Chaos will hereinbrechen. Das Kind schreit nach den Eltern. Nur sie haben in einem solchen Augenblick die Macht, das Chaos zu bannen, die Angst zu nehmen und die Welt in ihrer wohlbekannten Ordnung wiederherzustellen. Und genau das tun die Eltern dann auch. Sie nehmen ihr Kind in den Arm, streicheln es, sie geben ihm Sicherheit, sodass das innere Chaos wieder verschwinden kann. Sie sprechen zu ihrem Kind, singen ihm vielleicht ein beruhigendes Schlummerlied.

Und der Grundtenor ist auf der ganzen Welt immer und immer derselbe: „Hab' keine Angst"; „alles ist in Ordnung"; „alles ist wieder gut". Das Kind schluchzt vielleicht noch ein paar Mal auf und gibt sich allmählich zufrieden. Sein Vertrauen zur Wirklichkeit ist zurück gewonnen, die vertraute Ordnung ist wieder hergestellt und nun kann das Kind in diesem Vertrauen auch wieder einschlafen.

Diese Alltagssituation wirft eine Frage auf: *Belügen die Eltern ihr Kind?*

*Dürfen Eltern in einer Welt mit so viel Leid und Elend, mit Atomkatastrophen und Tsunamis, mit Chaos und Unfrieden ihrem Kind sagen: ‚Alles ist in Ordnung', ‚alles ist gut'? Dürfen sie ihr Kind so trösten?*

(Nach: P. L. Berger, Auf den Spuren der Engel. Die moderne Gesellschaft und die Wiederentdeckung der Transzendenz, Frankfurt, 1981, S. 81–84, leicht überarbeitet)

1. *Entwickeln Sie zu der Frage von P. L. Berger – „Belügen die Eltern ihr Kind?" – zunächst allein eine Antwort und eine Begründung und halten Sie beides schriftlich fest.*
2. *Vergleichen Sie Ihre Antwort mit der Antwort Ihres Arbeitspartners.*
3. *Bereiten Sie sich darauf vor, in der Präsentationsphase Ihre Überlegungen und Begründungen der gesamten Gruppe vorzustellen.*

# Belügen die Eltern ihr Kind? – Antworten von P. L. Berger

Peter L. Berger hat **drei Antwortmöglichkeiten** gefunden.

**A Die Eltern lügen nicht**

Wenn die Eltern kommen und ihr Kind trösten, so ist für das Kind ganz aktuell erst einmal alles wieder gut. Es empfindet Sicherheit und Schutz, die Angst und das innere Chaos legen sich. Die alte Ordnung ist wieder hergestellt. Die Eltern vermitteln dem Kind ein Grundvertrauen in diese Welt und geben ihm das Gefühl, dass das Chaos beherrschbar ist und dass es Sinn macht, dieser Welt zu vertrauen. So geben sie ihrem Kind ein Urvertrauen in diese Welt. Sie geben dem Kind das Gefühl, dass ‚alles in Ordnung ist', dass ‚alles geordnet ist, dass ‚alles gut ist'. Der menschliche Drang nach Ordnung gründet sich auf das Vertrauen oder den Glauben, dass die Wirklichkeit letztlich „in Ordnung", „schon recht" ist.

Die Eltern werden so für ihre Kinder zu Erbauern und Schützern einer ‚geordneten' Welt. "*Alles* ist in Ordnung"; „*alles* ist wieder gut" – das ist die Grundformel elterlichen Trostes. Kinderpsychologen sagen, dass es sich bei dem gespendeten Trost um eine Erfahrung handelt, die für den Prozess der Personwerdung absolut wichtig ist, denn im Mittelpunkt der Menschwerdung steht das Erlebnis des Vertrauens in die Welt und in die Ordnung der Wirklichkeit. Doch ehrlicher wäre es, wenn die Eltern sagen würden: Für *diesen Augenblick* ist alles wieder in Ordnung. Diese *eine* Angst, dieser eine Schmerz ist wieder in Ordnung.

**B Die Eltern lügen**

Die Eltern wissen, dass nicht alles in der Welt gut ist und dass nicht alles gut enden wird, was in diesem Leben geschieht. Sie wissen, dass sie erst einmal nur diese *eine* Angst, diesen *einen* Schmerz ‚in Ordnung' bringen können. Sie wissen um die Begrenztheit ihres Trostes.

Sie kennen das wahre Leben mit Kriegen, Umweltzerstörungen, Krankheiten und Katastrophen und sie wissen auch sicher, dass sowohl sie als auch ihr Kind eines Tages sterben werden. Insofern geben sie ihrem Kind ein Versprechen, das sie nicht einhalten können, wenn sie sagen: „*Alles* ist in Ordnung"; „*alles* ist wieder gut".

Wenn unsere rein irdische Welt die einzige Wirklichkeit und unsere einzige Hoffnung ist, so lügen die Eltern. Sie lügen zwar aus Liebe, aber nimmt man sie beim Wort, so ist das, was sie sagen, eine Lüge. Denn es ist völlig klar, dass *nicht* alles in Ordnung, dass *nicht* alles wieder gut ist. Die Welt, der das Kind trauen soll, ist eben die Welt, in der es sterben wird. Wenn es keine andere Wirklichkeit geben sollte, so ist die letzte Wahrheit *dieser* Welt, dass Mutter und Kind dem Tod entgegen gehen. Am Ende wäre nicht Licht, sondern Finsternis, nicht Liebe, sondern Grauen, die Wahrheit. Der Tod, die Dunkelheit und das Chaos wären die endgültige Wirklichkeit des Menschen. Denn zum Schluss gingen alle ein in die Finsternis, die jeden Menschen verschlingt und vernichtet. Vor diesem Hintergrund wäre der Trost der Eltern nichts als eine gnädige Täuschung, eben eine Lüge.

**C Die Eltern lügen nicht**

Nur dann, wenn die Eltern auf etwas hoffen, das größer ist als diese Welt, wenn sie eine Hoffnung auf Gott haben, der auch das Chaos des menschlichen Lebens letztlich wieder in eine sinnvolle Ordnung bringen kann; nur dann, wenn sie eine Hoffnung haben, die größer ist als die Wirklichkeit dieser Welt, nur dann, wenn die Eltern dieses religiöse Verständnis haben, können sie ehrlich sagen: „Wir lügen unser Kind nicht an, wenn wir es trösten mit den Worten: ‚Alles wird gut". Trotz aller Leiden und Schmerzen der Welt hoffen sie darauf und glauben sie daran, dass letztlich alles ‚in Ordnung' kommt und wirklich ‚alles gut wird'.

Das können Eltern aber nur sagen, wenn sie glauben, dass es mehr gibt als das jetzt erfahrbare Leben. Und wer dies glaubt, der kann auch als Erwachsener die Erfahrung machen, dass ‚*alles* gut ist' und ‚*alles* gut wird', selbst wenn das Leben gerade Angst auslöst und alles im Chaos zu versinken droht. Dieses Vertrauen in etwas ‚Größeres' ist das, was ein Kind durch den Trost der Eltern in der Nacht lernen kann. Vielleicht lernt das Kind in diesem Augenblick ein Vertrauen, das es im späteren Leben, wenn es erwachsen ist, durch die ‚Nächte und Dunkelheiten' des Lebens trägt. Die Formel ‚Alles ist gut' ist dann eine Aussage über den gesamten Kosmos: „Vertraue dem Sein." Das ist die eigentliche Bedeutung der Trostformel.

P. L. Berger: Auf den Spuren der Engel. Die moderne Gesellschaft und die Wiederentdeckung der Transzendenz, S. Fischer, Frankfurt a. M. 1981, S. 81–84

# „Alles ist gut?!" – Antwortmöglichkeiten im Vergleich

*1. Geben Sie die zentralen Aspekte der Antworten in jeweils sechs Stichworten wieder.*

| A Die Eltern lügen nicht | B Die Eltern lügen | C Die Eltern lügen nicht |
|---|---|---|
| | | |

*2. Vergleichen Sie Ihre erste eigene Antwort nun mit den drei Antwortmöglichkeiten, die im Text gegeben werden. Unterstreichen Sie diejenigen Gedanken, die Sie auch – so oder ähnlich – hatten.*

*3. Wählen Sie einen Gedanken aus einem der drei Texte aus, der für Sie neu ist, und über den Sie nachgedacht haben (positiv oder negativ). Schreiben Sie ihn auf und begründen Sie, warum Sie ihn ausgewählt haben:*

# Eine Fantasieübung: Das Kind in der Nacht

## Anleitung zur Fantasieübung

Setze dich entspannt auf deinen Stuhl. Wenn du willst, kannst du deine Arme auf den Tisch legen und den Kopf darauf legen. Komm zur Ruhe. Atme tief durch. Jetzt kannst du, wenn du möchtest, die Augen schließen.

Mache nun eine Gedankenreise zurück in die Zeit, als du noch klein warst. Du siehst dich als Kind, das gerade erst drei, vier Jahre alt ist. Tagsüber spielst du mit deinen Freunden. Du tobst herum und erkundest die Welt. Du wirst von deinen Eltern umsorgt. Es gibt ein leckeres Abendessen. Dann geht es ins Bett. Du siehst dein Kinderzimmer vor dir, deine Spielecke und dein Bett. – Du bist müde und schläfst schnell ein.

Stell dir vor, es ist eine dieser Nächte, in denen du schlecht träumst und sehr unruhig schläfst. – Plötzlich wirst du wach. – Alles ist dunkel um dich. – Du bist allein, suchst nach Orientierung. – Du fühlst Angst und Panik, die Traumbilder sind noch lebendig in dir. – Du bist unruhig, erkennst im Dunkeln fast gar nichts, nur ein paar Schatten an den Zimmerwänden, die dir Angst machen. Du bist ganz aufgeregt und durcheinander. In der Not rufst du nach deinen Eltern!

Deine Mutter oder dein Vater öffnet die Tür und kommt in das dunkle Zimmer …

Halte dir diese Situation genau vor Augen: Was geschieht? – Was tun oder sagen deine Eltern, wenn sie hineinkommen? – Wie verhalten sie sich?
*(ca. eine Minute Ruhe)*

Komm nun aus der Zeit von damals langsam wieder zurück in die Gegenwart. – Recke und strecke dich ein wenig, balle deine Hände zu Fäusten und entspanne sie anschließend. Atme noch einmal tief durch! Mache dir bewusst, dass du nun wieder im Klassenraum sitzt.

Text: I. Alkemeier

- *Wie ging es weiter, nachdem Ihre Eltern die Tür öffneten? Schreiben Sie auf, was Sie gesehen und gehört haben, was Ihre Eltern gesagt oder getan haben.*
  *Notieren Sie konkrete Aussagen und Handlungen.*

Baustein 3

# Sinnverlust und Sinnfindung

## Die transzendente Dimension von Trost

→ Arbeitsblätter 6 und 7, S. 47 f.

### Sachanalyse

Baustein 3 stellt insgesamt eine inhaltliche Vertiefung der am Ende von Baustein 2 erfolgten Perspektive dar: Es soll in besonderer Weise deutlich werden, dass eine *generelle Sinnperspektive* unbedingte Voraussetzung für das menschliche Leben und auch für Trost und Tröstung ist. Die Schüler (die sich in dieser Altersstufe bisher wenig mit einer solchen Thematik beschäftigt haben) sollen in Grundzügen nachvollziehen können, inwiefern es für Menschen existenziell wichtig ist, einen Grund bzw. Gründe zu haben, die dem eigenen Leben Hoffnung geben. Die Frage, ob ein Mensch grundsätzlich ‚getrost' und mit einer Sinnannahme durch das Leben zu gehen vermag oder nicht, ist weder ein ‚philosophisch-theologisches Luftschloss' noch ‚psychologischer Firlefanz', sondern fundamentale Voraussetzung für das alltägliche Denken und Handeln. Denn dort, wo diese Perspektive nicht gelingt, wo Menschen hoffnungslos werden, wo Vertrauen im existenziellen Sinne nicht mehr vorhanden ist und nichts Sinnstiftendes mehr gesehen werden kann, drohen innere Leere, Lebensmüdigkeit und Depression. Dieser Zusammenhang soll an konkreten Beispielen aus der Lebenswelt vertieft werden.

Ziel der Auseinandersetzung ist es natürlich nicht, den Schülern den christlichen Glauben als *die einzige* Sinnoption nahezubringen, aber sie sollen herausarbeiten, inwiefern Trost und Hoffnung dennoch der Sinn*annahmen* bedürfen, die sich wiederum nur dann einstellen können, wenn ein glaubendes Vertrauen in die eigene Zukunft, Welt und Leben besteht.

### Methodischer Kommentar

SI SII

Nachdem durch die Ausführungen Peter L. Bergers in Baustein 2 die transzendente Dimension des Tröstens bereits angedeutet wurde, soll das Phänomen Trost nun bewusst aus einer ‚theologisch unverdächtigen' Position beleuchtet werden. Während sich dafür als anknüpfender Impuls an den vorherigen Baustein eine Aussage zur Wirklichkeitskonstruktion wie etwa die von P. Watzlawick verwenden lässt, bietet sich für die weitere **Erarbeitung** der Text von W. Schmid an, der eine psychologische Perspektive auf das Phänomen des Tröstens wirft (**Arbeitsblatt 6**, S. 47). Hier bestätigt sich, dass ein Mensch, der Trost finden will, in seiner jeweiligen Situation eine neue Sinnperspektive braucht bzw. wiederfinden muss. Die Bearbeitung kann in Form einer abschnittweisen Zusammenfassung und einer Konkretisierung an Beispielen erfolgen. In jedem Fall sollte der Lehrer versuchen, hierbei einen ausreichenden *Lebensweltbezug* herzustellen, damit die – für die Schüler recht abstrakten – Gedanken konkret und anschaulich nachvollziehbar werden.

→ Kap. 3.1, S. 22

*Am Ende eines Gesprächs in einer Beratungsstelle sagt ein junger Mann, der Hilfe für seine konfliktreiche Beziehung gesucht hat: „So wie ich die Lage sah, war es ein Problem; nun sehe ich es anders und es ist kein Problem mehr."*
*Von dieser Äußerung könnte man einerseits sagen, dass sie genau das zum Ausdruck bringt, was eine Beratung oder Therapie leistet, andererseits könnte man sehr wohl einwenden, dass sich ja eigentlich nichts ‚wirklich' verändert hat.*

Nach: P. Watzlawick: Wenn du mich wirklich liebtest, würdest du gern Knoblauch essen, Piper, München [4]2006, 27

Eine **Vertiefung** in diesem Baustein ist – falls von der Lehrkraft gewünscht – auf zweierlei Weise möglich.

a) Es kann u. U. sehr ertragreich sein, mit den Schülern die ‚Negativ-Perspektive' des Sinnverlustes in den Blick zu nehmen: Wie ergeht es Menschen, die einen plötzlichen Schicksalsschlag erleben und sich einer beinahe völligen Sinnleere gegenübersehen? Untersuchen lässt sich dies etwa am Beispiel des Sängers H. Grönemeyer, dessen Bruder und Frau im Jahr 1998 innerhalb einer Woche durch Krankheit verstarben. Insbesondere am Text des Liedes ‚Unbewohnt' der CD ‚Mensch' ist eindrücklich festzumachen, wie erschütternd ein solcher Sinn-Verlust sein kann (**Arbeitsblatt 7**, S. 48).

b) Alternativ dazu lässt sich auch gut die religiöse Dimension bzw. der mögliche Trost durch den Glauben zur Diskussion stellen: Können Religion oder der Glaube an eine Sinninstanz Menschen wirklich trösten? Dieser Frage kann beispielsweise anhand selbst gesuchter Todesanzeigen nachgegangen werden.

Hinweis: Je nach Verlauf der Unterrichtsreihe kann es nach diesem Baustein sinnvoll sein, die text- und theoriegeleitete Auseinandersetzung zu unterbrechen und eine eher produktorientierte **Erarbeitung** anzuschließen. Hierzu kann gut das Material der Station 4 der Lerntheke vorgezogen werden (Arbeitsblatt 27, S. 87 f.).
In eindrucksvoller Weise kristallisiert sich die Polarität des Lebens in dem Kunstwerk ‚Leid/Light' von Udo Mathee. Die durch das Werk angeregte Erstellung eigener Bilder fördert die Schülermotivation und eröffnet die Chance zu einem individuellen Lernweg.

# Was uns tröstet – eine psychologische Sichtweise

Wilhelm Schmid, geb. 1953, lebt in Berlin und lehrt Philosophie als Professor an der Universität Erfurt. Der Schwerpunkt seiner Arbeit ist die sog. „Lebenskunstphilosophie". Die Frage „Was ist Glück?" beschäftigt ihn in besonderer Weise.

*Die Erfahrungen, die ein Mensch von klein auf mit dem Getröstetwerden macht, seine Fähigkeit, sich beispielsweise mit Fantasiewelten selbst zu trösten, fügen sich zu seiner „Trostgeschichte". Davon hängt es ab, ob und wie jemand in seinem Leben Trost findet, wenn etwas schmerzt, etwa ein Misserfolg, eine Missachtung durch andere, eine Enttäuschung, ein Liebeskummer oder eine Trennung von einem geliebten Menschen.*

Was auch immer die Gründe für das Bedürfnis nach Trost im Einzelfall sein mögen – im Grunde sind es wohl immer energetische *Gründe*. Was geschehen ist, kostet Energie, und Trost bewirkt eine neuerliche Zufuhr von Energie, eine Entdeckung neuer Kraft, wenn Lebenskraft abhandengekommen ist. Wer Trost findet, gewinnt neues Vertrauen in sich und andere, in das Leben und die Welt. Entscheidend für eine Antwort auf die Frage, was Menschen trösten kann, ist also der *neuerliche Zugang zu Energien*, den sie sich verschaffen oder der ihnen von anderen verschafft wird. Fließen wiederum können sie nur dort, wo Zusammenhänge sind, die auch „Sinn" genannt werden: Sinn tröstet, auf allen Ebenen, auf denen er zur Verfügung steht und neuen Lebensmut befördert, darin besteht das Wesen des Trostes.
Trostreich sind zuallererst sinnliche Erfahrungen: Trösten kann ein schöner Anblick, eine Farbe, ein bestimmter Duft, eine angenehme Berührung, eine Umarmung, eine gern gehörte Stimme. Aber auch jede Art von Bewegung, eine schöne Umgebung, ein Wiedersehen mit dem Ort, der mit schönen Erfahrungen verbunden ist, können Trost liefern. Und nicht zuletzt ein gutes Essen. Starken Trost gewähren auch die erotischen Lüste.
Menschen fühlen sich getröstet, wenn sie mit ihrem Schicksal nicht allein sind. Tröstlich ist das Wissen, dass da ein Mensch ist, dem ich nicht gleichgültig bin, die Geborgenheit, die bei seinem Anblick fühlbar wird, die Vertrautheit mit ihm, wenn ich ihn ansprechen und berühren darf.
Trostreich ist alles, was seelische Energien in Bewegung bringt und einen Menschen davon abbringt, sich in sich selbst zu vergraben: Das Weinen treibt nicht nur die Tränen, sondern auch die Energien aus der Seele aus dem Inneren hervor. Etwas ähnliches geschieht beim Lachen. Alle Kunst und Kultur tröstet damit, Gefühlen Ausdruck zu verleihen.
Nicht immer ist klar, *warum* etwas geschieht. Das Geflecht der Zusammenhänge, ist kaum je vollständig zu durchschauen. Immer aber lässt sich klären, wozu etwas gut sein kann, können Menschen sich Zusammenhänge ausdenken, um daraus Kraft zu schöpfen.
Den größtmöglichen Trost, der erreichbar ist, kann die Beziehung zu einer Dimension der Transzendenz[1] vermitteln. Menschen können sich im Denken und Deuten zumindest die Möglichkeit einer solchen Dimension offenhalten, um sich in äußerster Einsamkeit in „etwas Größerem" geborgen zu fühlen, in einem Allumfassenden, das niemanden allein lässt, da es allgegenwärtig ist. Den übergroßen Schmerz, wenn Menschen sich ihrer Sterblichkeit bewusst werden und mit dem Tod konfrontiert sind, kann am ehesten ein solcher Trost auffangen.

Auszüge aus: W. Schmid, Was uns tröstet, in: Psychologie heute 8 (2012), 66–71

[1] Transzendentes = etwas, das die materielle Welt, das Natürliche übersteigt

**1.** *Finden Sie zu jedem Abschnitt eine Überschrift oder formulieren Sie je einen Satz.*

**2.** *„Sinn tröstet" – erläutern Sie anhand von drei konkreten Trostbeispielen aus dem Text, inwiefern trostbedürftige Menschen dadurch neuen Sinn (und somit Trost) in ihrem Leben entdecken.*

**3.** *„Der moderne Mensch meint [...] sämtliche Situationen überwinden zu können, die trostbedürftig sein könnten." Beurteilen Sie diese Aussage und begründen Sie Ihre Meinung an konkreten Beispielen, die diese These unterstützen oder widerlegen.*

# An der Grenze zum Sinnverlust – Interview mit Herbert Grönemeyer

*Der Sänger Herbert Grönemeyer verlor im November 1998 innerhalb von wenigen Tagen seine Frau und seinen Bruder, die schweren Krankheiten erlagen. Nach diesen Schicksalsschlägen zog er sich längere Zeit von der Öffentlichkeit und aus der Musikszene zurück. Erst im Jahr 2002 veröffentlichte er dann wieder ein Album, das den Titel ‚Mensch' trug, und von der er selbst sagt, es trug die Farbe ‚Grau'. In einem Interview erzählt er von seiner Trauerzeit und der Bedeutung, die die Musik für ihn hatte.*

**STERN: Herr Grönemeyer, vor vier Jahren starben binnen einer Woche Ihre Frau Anna Henkel und Ihr Bruder an Krebs. Fürchteten Sie, nie wieder Musik machen zu können?**

Ja, denn wenn man so eine Katastrophe erlebt, ist man völlig hysterisch, zerrüttet und ängstlich. Musik ist für mich eine Form von Begeisterung und ein Ventil, das mein Leben in Balance hält. Sie ist mein privater Hochsicherheitstrakt. Mein Geheimnis, das mich überall hin begleitet und das mir keiner nehmen kann. Ich dachte: Wenn du dieses Zentrum deines Lebens auch noch verlierst, ist Schluss.

**STERN: Ihr neues Album „Mensch" ist Ihr erstes seit damals. Wie lange war Ihre Kreativität gelähmt?**

Nach einem Jahr habe ich sehr zaghaft erste Gehversuche unternommen. Die waren mühsam. Die Musik war sehr traurig und sehr balladig. Ein Jahr später habe ich mit meinem Koproduzenten Alex Silva in London einen kleinen Raum gemietet. Da haben wir uns 14 Monate lang in sehr langsamen Schritten vorgetastet, Takt für Takt. Oft haben wir auch gar nichts gemacht, nur zusammengesessen und geraucht und gequatscht. Letzten Sommer merkte ich endlich: Es wird etwas luftiger, so langsam kommt die Energie zurück, ich kenne mich wieder aus, ich sehe eine Ecke meiner alten Schatztruhe. Da habe ich zugepackt. Es war wie nach Hause kommen.

**STERN: Hören Sie auf das musikalische Urteil Ihrer Kinder?**

Der Song „Der Weg" ist extrem traurig. Da habe ich die Kinder gefragt, ob das vielleicht zu viel sei. Ihre Antwort war: „Du hast das so geschrieben, also musst du es auch gefälligst so singen." Ihre Mutter kam aus Hamburg und hatte diese hanseatische Nüchternheit. Ich höre meine Frau in meinen Kindern und denke: „Das klingt sehr nach dir, Anna. Auch du hast oft zu mir gesagt: ‚Jetzt zöger hier mal nicht rum, Herbert, wenn es so ist, dann ist es eben so.'"

**STERN: Als Ihre damals neunjährige Tochter Marie vom Tod ihrer Mutter erfuhr, war ihr erster Satz: „Papa, du hörst jetzt aber nicht auf zu singen!"**

Dieser Satz war für mich sehr verblüffend. Ich denke, meine Musik repräsentiert für meine Kinder Lebensenergie. So sehen sie ihren Vater, so kennen sie ihn: Solange der singt, ist alles halbwegs okay. Solange der Musik macht, lebt der.

**STERN: Drohten Sie nach Annas Tod zynisch und misanthropisch[1] zu werden?**

Man kriegt eine schräge Beziehung zum Leben. Aber auch wenn ich in Deutschland dieses grantelige Image habe: Ich war immer ein großer Menschenfreund – und das bin ich noch. Bis heute erfahre ich, wie enorm mich meine Freunde und andere Menschen unterstützen können. Es ist unfassbar, wie viele Leute mir seitenlange, einfühlsame Briefe geschrieben haben, um mir Mut zu machen. Dieses Ausmaß an Anteilnahme hat mein Weltbild bestätigt. Natürlich habe ich auch zynische Attitüden gekriegt, mir selbst und anderen gegenüber. In den ersten zwei Jahren habe ich eine ziemliche Ignoranz entwickelt. Ich war emotional abgeschottet und kalt in meinen Empfindungen. Das Gefühlspotenzial war zerschossen. Es hat lange Zeit gedauert, da überhaupt wieder empfänglich zu werden.

Auszüge aus; „Man ist Mensch und macht vieles falsch", Interview; S. Michaelsen u. H. Ross, in: STERN (August 2002), http://www.stern.de/kultur/musik/herbert-groenemeyer-man-ist-mensch-und-macht-vieles-falsch-285245.html [03.10.2013]

[1] misanthropisch = unsozial, ungesellig

1. *Stellen Sie dar, wie H. Grönemeyer sein Leben in den ersten Monaten nach den Schicksalsschlägen beschreibt.*
2. *Erklären Sie die Bedeutung, die die Musik für den Sänger im Trauerprozess hatte.*
3. *Optional: Vergleichen Sie die Gedanken mit Aussagen aus dem Lied ‚Unbewohnt' von der CD ‚Mensch'.*

BS 3

Baustein 4

# Andere trösten, aber richtig! – Einen Trostflyer erstellen

## Projektarbeit

→ Arbeitsblätter 8–11, S. 51–54

Nachdem sich die Schüler vielfältige Gedanken zum Trösten gemacht haben, sollen sie ihr Wissen nun bündelnd und reflektierend in einem Kleinprojekt zusammentragen.

### Methodischer Kommentar

Als **Einstieg** dient die Anfrage eines ratsuchenden Jugendlichen aus dem Internet zur Leitfrage: „Wie tröstet man?" „Wie gehe ich richtig mit meinen Freunden um, wenn sie Trost benötigen?" (vgl. http://www.cosmiq.de/qa/show/661337/Wie-troestet-man-am-besten, [06.10.2013]). Diese Fragestellung greift eine authentische ‚Anforderungssituation' auf und führt zu einer kognitiven Aktivierung.

SI SII

→ vgl. Kapitel 3.1, S. 22

Für die folgende **Erarbeitung** bieten sich zwei Möglichkeiten:

a) Steht weniger Unterrichtszeit zur Verfügung, ist es sinnvoll, die Schüler in einem Think-Pair-Share-Verfahren Voraussetzungen für ein gelingendes Trösten sammeln zu lassen und diese Gedanken dann mit den Ausführungen von G. Langenhorst zu vergleichen.
b) Soll diese Phase intensiviert werden, kann sich eine handlungs- und schülerorientierte Projektarbeit anschließen, die im Folgenden vorgestellt wird.

In der Erarbeitung formulieren die Schüler eigene Antwortversuche, indem sie einen Flyer erstellen, der Hilfestellung für den Trostfall und den Umgang mit dem Thema ‚Trösten' bieten soll. Möglicher Lehrerimpuls:

- *Ein Jugendmagazin greift die Frage aus dem Internet auf und will eine Sonderausgabe zum Thema ‚Wie gehe ich richtig mit meinen Freunden um, wenn sie Trost benötigen?' herausgeben. Sie bekommen den Auftrag, einen verständlichen Trostflyer zu erstellen, in dem deutlich wird, worauf man beim Trösten achten und was man vermeiden sollte.*

Durch den Bezug zur Internetanfrage des Jugendlichen ergibt sich die Zielgruppe für den Flyer sowie der lebensweltliche Bezug des Projektes. Anlässe zum Trösten, die in den Bausteinen 1–3 bereits benannt wurden, werden an dieser Stelle in Erinnerung gerufen, damit die Jugendlichen möglichst konkrete Fälle vor Augen haben, wenn sie den Flyer entwerfen.

Für die **Erarbeitung** des Flyers bilden die Schüler Sympathiegruppen, um die Wahrscheinlichkeit einer vertrauensvollen Gesprächsatmosphäre zu erhöhen. Die Gruppengröße sollte vier Schüler nicht übersteigen.

Deckblatt eines Schüler-Trostflyers

Im Vorfeld werden den Schülern die Leistungsanforderungen zur Beurteilung des Projektergebnisses transparent gemacht. Jüngeren Schülern gibt man die Bewertungskriterien vor oder erarbeitet sie auf spielerische, humorvolle Weise durch die Analyse eines ‚Anti-Flyers', der in überzeichneter Weise vielfältige Fehler aufweist. Ältere Schüler können die Kriterien selbstständig im Unterrichtsgespräch entwickeln.

Allen Schülern wird ein Vorschlag zur Aufteilung des Flyers zur Verfügung gestellt, der Anregungs- und Orientierungscharakter hat. Während der Gruppenarbeitsphase, die ca. zwei bis drei Unterrichtsstunden umfasst, sollte den Schülern ein Computerraum zur Verfügung stehen, damit sie über eine Internetrecherche inhaltliche und gestalterische Anregungen erhalten (**Arbeitsblatt 8**, S. 51). Die Fertigstellung des Flyers geschieht ggf. als **Hausaufgabe**.

**Überarbeitung und Optimierung der Trostflyer**
Falls noch genügend Zeit zur Verfügung steht, kann das erstellte ‚Rohprodukt' im nächsten Schritt noch einer Überarbeitung und Optimierung unterzogen werden. Dies geschieht in Form einer ‚Schreibkonferenz' mithilfe der ‚Textlupen-Methode', bei der sich die Schüler in neuen Gruppen mischen.

**Benotung der Mitarbeit in der Projektgruppe**
Die Schüler sollen an der Beurteilung ihrer Trostflyer beteiligt werden, indem sie sich gegenseitig mit Punkten bewerten. Das Verfahren wird genau erläutert und hat sich in der Praxis sehr gut bewährt (**Arbeitsblatt 10**, S. 53). Die Gruppenbenotung bildet – gemeinsam mit der Benotung durch den Lehrer – die Gesamtnote.

Im Anschluss an die Erstellung des Trostflyers kann das Ergebnis im Sinne einer Vertiefung und **Sicherung** noch mit den Ausführungen des Experten G. Langenhorst verglichen werden, um Unterschiede und Gemeinsamkeiten ggf. auch Vergessenes bewusst wahrzunehmen (**Arbeitsblatt 11**, S. 54).

Den Abschluss von Baustein vier bildet eine *metakognitive Phase* im Sinnes eines didaktischen Haltepunktes. Die Schüler überdenken ihren bisherigen Lernweg noch einmal und machen sich ihre Lernprogression bewusst. Anschließend positionieren sie sich – auch im Sinne einer Rückmeldung an den Lehrer – zu folgendem Arbeitsauftrag:

- *Schreiben Sie eine kurze Stellungnahme zur Frage: „Sollte das Thema ‚Trost und Trösten' auch zukünftig im Religionsunterricht behandelt werden?"*

Die bis hierhin dargestellten **Bausteine 1 bis 4** können auch als selbstständige Unterrichtsreihe zum Thema ‚Vom Trösten und Getröstetwerden' unterrichtet werden. In Baustein 9 finden sich mögliche Materialien für eine ‚Schriftliche Übung' oder eine intelligente Wiederholungsphase zum Abschluss dieses Themenblocks.

# Erstellen eines Trostflyers – Projektarbeit

In einem Internetforum tauchte folgende Anfrage eines Nutzers auf:

> neu aufrufen letzte Frage nächste Frage
>
> **deaktivierter_User** ⌧ (Rang: Pfiffikus)
>
> **Wie tröstet man?**
> Andere Menschen leiden zu sehen, macht mich betroffen und hilflos. Wie tröstet ihr andere? Wie würdet ihr gern getröstet werden? Bitte viele gute Ratschläge!

■ *Erstellen Sie einen verständlichen Trostflyer, in dem deutlich wird, worauf man beim Trösten achten und was man vermeiden sollte. Sie können auch Beispiele aufgreifen und sollten für ein ansprechendes Layout sorgen.*

**Hinweise für die Arbeit**

**1. Zielgruppe:**
Der Flyer richtet sich an Jugendliche, die sich eine Hilfestellung und Unterstützung dabei wünschen, wie man Freunde oder andere Menschen angemessen tröstet.

**2. Layout:**
Hier finden Sie einen Gestaltungsvorschlag für den Flyer. Sie können sich auch für eine andere Aufteilung entscheiden. Erstellen Sie die Broschüre bitte mithilfe des Computers.

DIN-A4-Blatt (Querformat)

| ***Seite 2 (Innenseite links)*** | ***Seite 3 (Innenseite rechts)*** |
| --- | --- |
| • Arbeiten Sie mit Zwischenüberschriften.<br>• Was sollte man beim Trösten beachten?<br>• Wie tröstet man richtig? | • Sie haben sicher auch noch eigene Ideen zur Gestaltung und zum Inhalt.<br>• Denken Sie an die Zielgruppe des Flyers: Jugendliche, junge Erwachsene |

*Auf dieser Doppelseite könnte z. B. ein Bild mit einem Trostgegenstand abgedruckt werden und/oder ein Bild, das ein tröstliches Motiv zeigt.*

| ***Seite 4 (Rückseite)*** | ***Seite 1 (Deckblatt des Flyers)*** |
| --- | --- |
| z. B. mit<br>• ‚Antitrostsprüchen' (Wie es ganz sicher nicht gelingt …)<br>• evtl. Zeichnungen oder einem Bild | z. B. mit<br>• einem ansprechenden Titel<br>• einem passenden Bild<br>• einigen besonderen Fragen oder Aussagen, um das Interesse des Lesers zu wecken |

# Textlupe zum Trostflyer

*Schreiben Sie Ihre Verbesserungsvorschläge in dieses Textlupenarbeitsblatt und geben Sie es dem Vertreter der Gruppe als Erinnerung mit auf den Weg.*

**Der Flyer wurde erstellt von:** ______________________________

**Die Textlupe wird erstellt von:** ______________________________

Folgende Hinweise möchten wir euch zur Verbesserung der Broschüre geben.

**1. Inhaltliche Tipps und Vorschläge** *(soweit nicht per Bleistift direkt auf dem Flyer vermerkt)*:

**2. Formale Hinweise und Korrekturen:**

**3. Das hat uns besonders gut gefallen:**

# Beurteilungsbogen zur Mitarbeit in der Projektgruppe

*Sie haben nun Gelegenheit, Ihren Einsatz während der Gruppenarbeit selbstständig zu bewerten und sich gegenseitig zu bepunkten. So können Sie deutlich machen, wer wie viel zum Gelingen des Flyers beigetragen hat.*
*Jede Schülerin bzw. jeder Schüler kann **12 Punkte** vergeben und auf sich und ihre/seine Gruppenmitglieder so verteilen, wie der anteilige Arbeitsbeitrag war.*

Ein Beispiel:

1. **Einzelwertung** von Arne:
   Arne gibt sich 6 Punkte. Carl erhält von ihm einen Punkt, Luise 3 und Sari 2 Punkte.
2. **Gruppenergebnis**: Werden alle vier Wertungsbögen abgegeben und ausgewertet, so ergibt sich folgendes Ergebnis:

| Benotende/r: / Punkte für den Beitrag von: | **Arne** | Carl | Luise | Sari | SUMME |
|---|---|---|---|---|---|
| Arne | **6** | 5 | 4 | 5 | 20 |
| Carl | **1** | 2 | 2 | 1 | 6 |
| Luise | **3** | 2 | 3 | 3 | 11 |
| Sari | **2** | 3 | 3 | 3 | 11 |
| **Je 12 Punkte** | **12** | **12** | **12** | **12** | **48** (Kontrolle) |

3. **Auswertung:** Aus der Beurteilungsübersicht wird deutlich, dass Arne sich in besonderem Maße eingesetzt hat (20 Punkte). Das sieht er auch selbst so. Carl dagegen hat deutlich weniger zum Gelingen beigetragen. Er hat nur 6 Punkte erhalten, schätzt sich aber auch selbstkritisch so ein. Luise und Sari haben sich insgesamt recht gut beteiligt. Mit 11 Punkten erreichen sie fast den Durchschnittswert von 12 Punkten.

---

*Jetzt können Sie Ihre 12 Punkte verteilen.*
*Tragen Sie Ihren Namen unter 1. ein und die Namen der anderen unter 2.–4. (bei Vierergruppen) oder 2./3. (bei Dreiergruppen). Sprechen Sie Ihre Bepunktung nicht mit den anderen Gruppenmitgliedern ab. Keiner, außer der Lehrerin bzw. dem Lehrer, erfährt, wie viele Punkte Sie gegeben haben. Seien Sie ehrlich. Die Punkte der anderen zeigen ja auch, wie Sie gearbeitet haben.*
*Trennen Sie die Punkteübersicht ab und bringen Sie sie zum Pult.*

| Namen der Gruppenmitglieder | Punkte |
|---|---|
| 1) | |
| 2) | |
| 3) | |
| 4) | |
| | (Kontrolle) |

# Expertenmeinung zum Trösten

Georg Langenhorst, Professor für Katholische Theologie, hat intensiv zum Thema ‚Trösten' geforscht. Er fasst wichtige Voraussetzungen dafür zusammen, dass Trost gelingen kann. Er betont jedoch, dass diese Zusammenstellung keinen Trosterfolg garantieren kann, weil Trost auch durch die besten Hinweise nicht ‚machbar' ist.

- „Trost wird überhaupt erst möglich durch eine aufmerksame Wahrnehmung, dass jemand Trost braucht und die Überlegung, wer in diesem konkreten Fall als Tröster geeignet ist.
- Gelingender Trost ist zweitens davon abhängig, ob genügend Zeit für echte Begegnung und Austausch vorhanden ist. Zudem gibt es Trauerphasen, in denen eine besondere Offenheit für Trost besteht. Nur wenn beides beachtet wird, kann ein Da-Sein und Bei-Sein als mögliche Hilfe wahrgenommen werden.
- Als besonders hilfreich erweist sich drittens das Anknüpfen an das normale Verhältnis der Gesprächspartner, durch das die Situation nicht als Sondersituation wahrgenommen wird. Gerade deshalb ist die Beziehung zwischen Tröstendem und zu Tröstendem entscheidend wichtig, sie muss von Vertrauen und Gemeinsamkeit geprägt sein.
- Trost-Gespräche können viertens nur gelingen, wenn durch die räumlichen Gesprächsbedingungen und die konkret-körperliche Position des Miteinander-Seins dieses Miteinander – warum nicht auch durch körperliche Berührung – deutlich wird.
- Fünftens, und erst nach diesen Vorbedingungen wird die Art der Gesprächsführung wichtig: Wirklich zuhören können, ausreden lassen, gegebenenfalls zum Reden ermuntern sind hier die zentralen Vorgaben.
- Sechstens ist das Recht auf Klage zu nennen, das die Zuhörenden dem zu Tröstenden einräumen müssen. Klagen gehört zu den menschlichen Grundäußerungen im Leid und hat sein psychologisches wie theologisches Recht.
- Schließlich kann ein Miteinander-Schweigen-Können im Sinne eines Mittragens des Leidens zur entscheidenden Aufgabe werden."
- Immer wieder weisen Experten darauf hin, dass auch der Trostexperte den Trost nicht ‚machen kann'. Man soll sich als Tröstender also nicht überfordern und denken, man sei ein schlechter Trostspender, nur weil der zu Tröstende weiter ‚untröstlich' ist. In solchen Situationen ist es die größte Hilfe, diese Situation gemeinsam mit dem anderen auszuhalten und ihm weiterhin Unterstützung und Nähe zuzusichern.

Georg Langenhorst: Trösten lernen? – Profil, Geschichte und Praxis als diakonischer Lehr- und Lernprozess, Schwabenverlag, Ostfildern 2000, 280f.

**1.** *Vergleichen Sie die von Georg Langenhorst genannten Aspekte mit Ihren eigenen Ideen und Gedanken.*

**2.** *Notieren Sie einen Gedanken, den Sie durch das Lesen der Expertenmeinung* ***neu*** *hinzugewonnen haben.*

Baustein 5

# Trostlose Zeiten – die Juden im Babylonischen Exil

In diesem Baustein lernen die Schüler die trostlose, verzweifelte Situation der Juden im Babylonischen Exil kennen. Sie erfahren, welche Ereignisse dem Exil vorausgingen, und werden sich überlegen, welche Gedanken und Fragen den Juden durch den Kopf gingen. Nachdem sich die Schüler in der ersten Sequenz der Reihe umfassend mit dem Thema ‚Trost und Trösten' beschäftigt haben, erfolgt in der zweiten Sequenz die Auseinandersetzung mit der trostlosen Situation der Juden während des Babylonischen Exils.

## Der Entstehungskontext von Gen 1,1–2,4a

→ Arbeitsblätter 12–19, S. 59–69

SI SII

### Methodischer Kommentar

Als **Einstieg** wird der Eingangsvers des Klagepsalms 137 präsentiert:

> *„An den Flüssen von Babylon*
> *saßen wir und weinten,*
> *wenn wir an Zion dachten."*
> Ps 137,1; eig. Übersetzung

Mögliche Impulse dazu wären:

1. *Notieren Sie alle Fragen, die Ihnen beim Lesen dieser Textzeile durch den Kopf gehen.*
2. *Entwickeln Sie zu einer Frage eigene Ideen und mögliche Antwortversuche.*

Bei älteren Schülern genügt als Einstieg allein dieser Satz, um eine kognitive Aktivierung und ein Fragepotenzial zu erzeugen. Die Fragen, die der ‚fremde' Satz auslöst, werden auf einer Folie notiert. Im Sinne der ‚Ermittlung der Lernausgangslage' soll die Lerngruppe dann versuchen, auf die formulierten Fragen Antworten zu geben bzw. eigene Vermutungen zu äußern. An dieser Stelle ist für den Lehrer gut erkennbar, über welches Vorwissen die Schüler bereits verfügen. Zu allen Fragen erhalten die Schüler im Verlauf der folgenden Unterrichtsstunden Informationen, sodass sie ihre Eingangsfragen am Ende von Baustein 5 beantworten können. Die Folie mit den Fragen kann immer wieder aufgelegt werden, um zu sehen, welche Fragen beantwortet werden können. So wird den Schülern die eigene Lernprogression bewusst.

→ vgl. Kapitel 3.1, S. 22

Nach der Phase der Äußerung von Fragen und Vermutungen sollte den Schüler die Quelle des Verses mitgeteilt werden: Es handelt sich um den ersten Vers des Klagepsalms 137 aus dem Alten Testament.

**Kontexterarbeitung durch Gruppenpuzzle und Strukturlegetechnik**
In der folgenden komplexeren **Erarbeitung**, die sich über ca. drei Unterrichtsstunden erstreckt, kommen zwei Formen des kooperativen Lernens zum Einsatz: das Gruppenpuzzle

und die Strukturlegetechnik. Falls den Schülern die Methode des Gruppenpuzzles noch nicht vertraut ist, wird sie ihnen mithilfe einer Folie bzw. eines Arbeitsblattes im Sinne eines ‚Advance Organizers' vorgestellt.

Vor allem sollte der Lehrer darauf hinweisen, dass sich alle Schüler gut in ihre Themen einarbeiten müssen, da sie später in der Puzzlerunde die einzigen Experten für ihr Thema sind, d. h. das Prinzip der positiven wechselseitigen Abhängigkeit prägt die folgenden Arbeitsschritte. Das Gruppenpuzzle folgt dem WELL-Konzept, d. h. dem Konzept des wechselseitigen Lehrens und Lernens (vgl. D. Wahl, Lernumgebungen erfolgreich gestalten, Bad Heilbrunn, 2008, 139 ff.). Die Schüler werden zu Experten für ein Thema und vermitteln sich die Inhalte anschließend gegenseitig.
Sinnvoll ist auch der Hinweis auf die Trennung in Lern- und Leistungssituation. Während die Phasen 1 bis 5 Lernsituationen sind, ist die abschließende Präsentationsphase eine Leistungssituation, in der der Schüler für die erbrachte Leistung benotet wird. Die Lernenden werden auch bereits zu Beginn darauf hingewiesen, dass die Präsentierenden für die abschließende Plenumsphase nach dem Zufallsprinzip ermittelt werden, d. h. dass sich jeder darauf einstellen muss, das Gesamtergebnis vorzustellen.

Es ist sinnvoll, den Schülern den komplexen Ablauf der Arbeitsphasen bis zur Präsentation (Phase 6) erst einmal grob vorzustellen und als Kopie zur Verfügung zu stellen, damit ihnen die Zielrichtung klar ist. Anschließend wird der erste Teil (Gruppenpuzzle) genauer besprochen, nach Abschluss der Phase 3 folgt eine intensivere Vorstellung der Phasen 4 bis 6 zur Strukturlegemethode von 4 bis 6. Die Abfolge der dann folgenden Schritte ist variabel und hängt von der konkreten Unterrichtssituation ab.

**Teil 1: Gruppenpuzzle**
In der ersten Phase erarbeitet jeder Schüler sein Schwerpunktthema in Einzelarbeit. Dazu müssen die Schüler noch nicht in Gruppen zusammen sitzen, denn jeder Schüler soll sich erst einmal mit dem Material allein beschäftigen und die Aufgabenstellungen bearbeiten (Think-Phase; **Arbeitsblatt 13–16**, S. 60–63). Für besonders schnelle Schüler steht ein binnendifferenzierendes Angebot zur **Vertiefung** der geografischen Hintergrundinformationen zur Verfügung (**Arbeitsblatt 17a**, S. 64).

In Phase 2 finden sich die Schülergruppen mit dem *gleichen* Thema zusammen, tauschen ihre Ergebnisse aus und sichern ihr Textverständnis und die Antworten auf die Aufgaben untereinander ab (Expertengruppen – der Begriff der ‚Expertengruppe' wird in der Literatur uneinheitlich verwendet. Hier meint er die Gruppe in der 1. Phase des themengleichen, d. h. materialhomogenen Austausches, während die spätere ‚materialgemischte' Gruppe als ‚Puzzlegruppe' bezeichnet wird.). Hier finden sich – je nach Klassengröße – drei bis max. fünf Schüler zur sogenannten ‚Square-Phase' zusammen (vgl. **Arbeitsblatt 12**, S. 59).

In Phase 3 bilden sich die Puzzlegruppen. Diese bestehen aus je vier Schülern, die sich mit den vier unterschiedlichen Themen beschäftigt haben. Die Schüler informieren sich gegenseitig über die Inhalte ihrer Texte und stellen sich die Ergebnisse ihrer Arbeit vor. Auch hier besteht die Möglichkeit zur Binnendifferenzierung (vgl. **Arbeitsblatt 17b**, S. 64)

**Teil 2: Strukturlegetechnik als Übungsphase**
Für die vielfältig ausgetauschten Informationen innerhalb der Puzzlegruppen muss eine sinnvolle Möglichkeit gefunden werden, um die Inhalte zu üben und zu vertiefen, da sonst die Informationen verlorengehen. Hier stellt die Strukturlegetechnik eine sehr sinnvolle Möglichkeit dar. Die Methode ist motivierend und führt zur direkten Weiterarbeit mit den Inhalten des Gruppenpuzzles.

Im Sinne des kooperativen Lernens beginnt die Methode mit einer Einzelarbeit. Dazu können die Schüler durchaus auf ihrem eigenen Platz sitzen. Die Begriffe, die in der folgenden Phase in der Legetechnik verwendet werden, sollen von jedem Schüler erst eigenständig in eine sinnvolle Struktur gelegt werden (**Arbeitsblatt 18**, S. 65). In dieser Phase wird die subjektive Auseinandersetzung mit den neuen Inhalten gefordert, um einen nachhaltigen Lerneffekt zu erzielen.

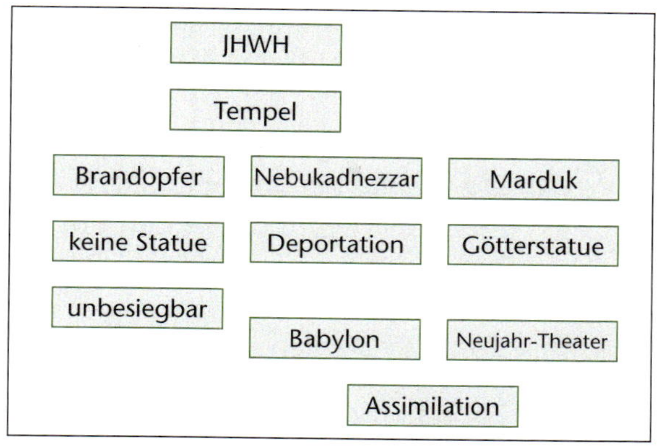


Die Schüler sollen in der ‚Sortieraufgabe' die Begriffe, die ihnen (noch) nichts sagen, zur Seite legen. Die Begriffe, die ihnen vertraut sind, sollen so gelegt werden, wie sie der Bedeutung nach zusammengehören. Die dabei entstehenden Gebilde sind von Person zu Person sehr verschieden. Manche Schüler sortieren nach Oberbegriffen und ordnen in Reihen, andere entwickeln Clusterwolken oder kreisähnliche Strukturen. Es gibt bei der Methode kein ‚richtig' oder ‚falsch' einer Struktur. Die Schüler müssen aber immer überzeugend begründen können, warum sie die Begriffe/Strukturen in dieser Weise einander zugeordnet haben (Prozess der Konstruktion).

In der 5. Phase finden sich die Puzzlegruppen wieder zusammen (vgl. **Arbeitsblatt 12**, S. 59). Der nächste Schritt besteht darin, die gelegten Strukturen zu verbalisieren. Die Schüler erklären sich ggf. gegenseitig die Begriffe, die für sie noch unklar waren. Danach präsentieren zwei Schüler der Gruppe ihre gelegten Strukturen den anderen Gruppenmitgliedern. Diese nehmen dazu Stellung, formulieren Fragen. Durch den Austausch wird das Wissen einerseits gesichert, andererseits findet auch ein Prozess der Dekonstruktion und der Neukonstruktion von Wissen in den Schülerköpfen statt. Für diese Phase sollte genügend Zeit zur Verfügung stehen, der Austausch ist erfahrungsgemäß sehr lebendig und ertragreich. Für schneller arbeitende Gruppen stehen mit dem **Arbeitsblatt 17c** (S. 64) ebenfalls binnendifferenzierende Aufgaben zur Verfügung.

Die Schüler einigen sich auf eine Struktur, die alle Begriffe umfasst. Evtl. können noch ein bis zwei Begriffe der eigenen Wahl auf Leerkärtchen ergänzt werden.

Die Phase 6 ist im Sinne des kooperativen Lernens die Share-Phase. Das Gruppenergebnis wird als Sicherung (mit Begründungen) vor der Klasse vorgestellt. Während bisher reine Lernsituationen aufeinander folgten, ist die Präsentation eine Leistungssituation. Die Ermittlung des präsentierenden Schülers erfolgt per Zufallsauswahl.

Die Präsentation erfolgt entweder mithilfe von Folienschnipseln oder von DIN-A5-Karten und Magneten/Klebestreifen an der Tafel.

Die Beantwortung der Eingangsfragen zu Ps 137,1 erfolgt – unter Rückgriff auf die Aspekte, die die schnelleren Schüler bereits erarbeitet haben –, gemeinsam im Plenum. Um die katastrophale und trostbedürftige Situation der Juden resümierend bewusst zu machen, werden alle trostbedürftigen Aspekte in einer Übersicht zusammengetragen (**Arbeitsblatt 19**, S. 66).

### Information zum Gruppenpuzzle

Die Inhalte der Gruppenpuzzle-Materialien sind so konzipiert, dass sich bei zentralen Informationen Redundanzen ergeben. So ist sichergestellt, dass die Gruppen arbeitsfähig bleiben, auch wenn einzelne ‚Experten' in der Puzzlegruppe nicht alle Informationen präsent haben.

Zentrale Quellen, aus denen ertragreiche Informationen einflossen sind:

- H. Halbfas, Die Bibel – erschlossen und kommentiert von Hubertus Halbfas, Düsseldorf, 2001, 236–290
- U. Struppe, W. Kirchschläger, Einführung in das Alte und Neue Testament, Stuttgart, 1998, AT-Teil: 72 – 80
- Katholisches Bibelwerk e.V. (Hrsg): Babylon – Stadt zwischen Himmel und Erde, in: Welt und Umwelt der Bibel, 3/2005, Stuttgart, 2005, 8–57

### Information zur Strukturlegetechnik

Die Strukturlegetechnik eignet sich dazu, Lerninhalte zu wiederholen, oder ein vertieftes Verstehen komplexer, vernetzter Sachverhalte zu erreichen. Die Begriffe werden einander aufgrund ähnlicher Bedeutung zugeordnet, sodass die Schüler ihre semantischen, kognitiven Netzwerke sichtbar auslegen. Die Begründungen für die Positionierung der Begriffe zeigen, ob die Inhalte verstanden wurden. Daher müssen die Schüler *alle* Legeentscheidungen verbalisieren und begründen. Nach Abschluss des Gesamtprozesses sollte jeder Schüler eine für ihn stimmige Struktur in sein Heft einkleben. Nun entsteht eine ‚Concept Map', d.h. eine feste Struktur, die mit Pfeilen versehen und mit Stichworten ergänzt werden kann. Diese Aufgabe eignet sich gut als Hausaufgabe.

Die zusammenfassende Sammlung der Gründe für die Trostbedürftigkeit der Juden (vgl. **Arbeitsblatt 19**, S. 66) bildet den Ausgangspunkt für die Leitfragenentwicklung in der folgenden Stunde. Folgende Gründe könnten von den Schülern auf dem Arbeitsblatt notiert werden:

**Die Juden im Babylonischen Exil brauchen Trost, weil …**

- sie in der Fremde auf unreinem Boden leben und keine Opfer bringen können.
- sie in ihrem Glauben verunsichert sind.
- sie sich den Babyloniern unterlegen fühlen, da sie den Kampf verloren hatten.
- ihr Gott JHWH ‚den Kampf' gegen die babylonischen Götter verloren hat und Israel besiegt wurde.
- sie weit weg von der Heimat im Exil leben müssen.
- sie in der Minderheit in der Diaspora leben und Angst haben, was die Zukunft ihnen bringen wird.
- sie kein Bild von JHWH haben, die Babylonier aber prächtige Statuen von ihren Göttern besitzen.
- der Tempel als einziger, heiliger Ort der JHWH-Verehrung zerstört ist.
- sie die Situation als chaotisch erleben und orientierungslos sind.
- immer mehr Juden vom Glauben an JHWH abfallen und sich assimilieren.
- sie ihre staatliche und politische Selbstständigkeit verloren haben.
- sie keinen König mehr haben, der das Volk lenkt.

# Ablauf der Phasen des Gruppenpuzzles und der Strukturlegemethode

**1. Einzelarbeit an vier verschiedenen Themen**

**2. Gruppenarbeit: Expertengruppen**
Austausch über die Ergebnisse der Einzelarbeitsphase – mach dich zum Experten!

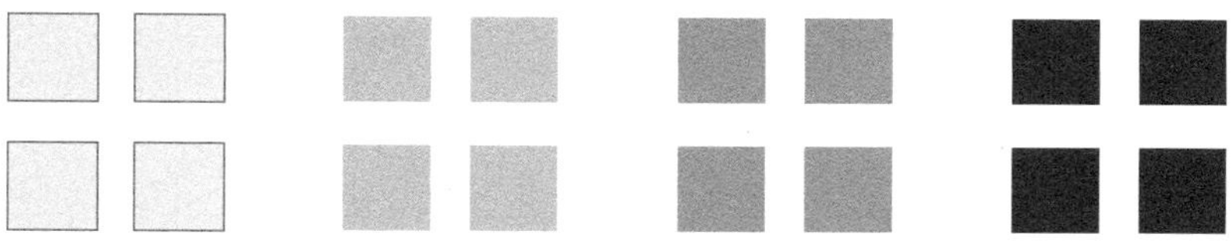

**3. Gruppenarbeit: Puzzlegruppen – lernen durch wechselseitiges Lehren**
Experten belehren sich gegenseitig – jeder ist wichtig!

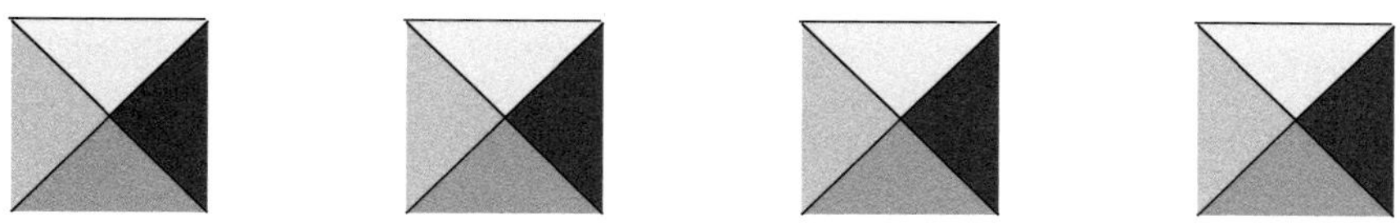

**4. Einzelarbeit: Strukturlegemethode**

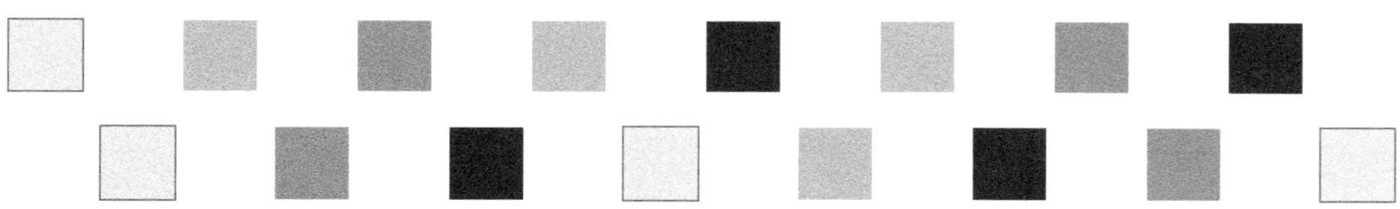

**5. Gruppenarbeit – Puzzlegruppen**
Klärung unbekannter Begriffe – Austausch über die gelegten Strukturen – Einigung auf eine Version für die Präsentation im Plenum

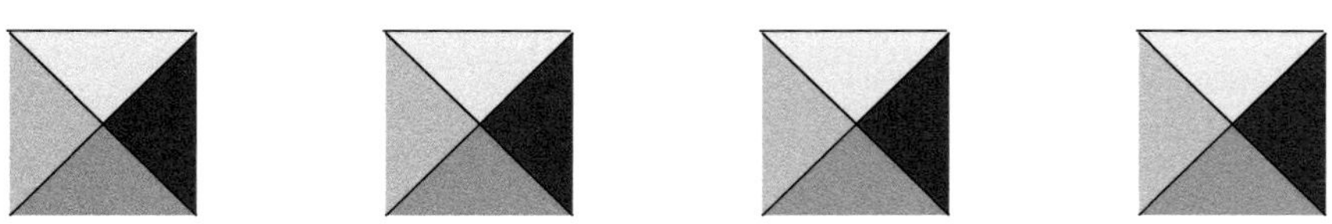

**6. Präsentation der Arbeitsergebnisse**

**a) Zufallsauswahl der Vortragenden:**
Auswahl der Gruppe und der Personen
Präsentator wählt einen Unterstützer

**b) Präsentation der Struktur mit Begründungen an der Tafel**

# Gruppe 1: Die Auslöser für das Babylonische Exil

1. *Erklären Sie Ihren Mitschülerinnen und Mitschülern, wie es zum Babylonischen Exil kam, und ordnen Sie die Ereignisse zeitlich ein.*
2. *Beschreiben Sie ihnen die Methode der ,selektiven Deportation' und erläutern Sie deren Sinn.*
3. *Erläutern Sie ihnen die Gründe für die Verzweiflung der Juden im Exil.*

„An den Flüssen von Babylon saßen wir und weinten, wenn wir an Zion dachten."
Psalm 137,1; eig. Übersetzung

*Sie lernen in diesem Gruppenpuzzle die schlimmste Erfahrung kennen, die die Juden in vorchristlicher Zeit machen mussten: das Babylonische Exil. Wie kam es dazu? In diesem Puzzleteil erfahren Sie mehr über die Hintergründe.*

Im Jahr 604 v. Chr. wurde Juda, das noch bestehende Südreich Israels, durch den babylonischen König Nebukadnezzar II. unterworfen. Juda durfte einen eigenen König behalten, musste sich Babylon aber politisch unterwerfen. Das Königreich Juda war jedoch weiterhin rebellisch. Der König versuchte heimlich Ägypten gegen die Babylonier als Bündnispartner zu gewinnen.

Als der babylonische König das erfuhr, erschien er 597 v. Chr. persönlich vor Jerusalem zu einer Strafaktion. Er nahm den jungen judäischen König, die Königsfamilie, die Heeresführer und Würdenträger, also viele Menschen aus der Oberschicht, als Gefangene mit sich in seine ferne mesopotamische Hauptstadt Babylon. Dies nennt man eine ,Deportation', eine Verschleppung. Die Deportierten lebten nun im ,Exil', d. h. in der ,Verbannung' in Babylon weit weg von Israel.

Nebukadnezzar II. setzte einen neuen König über Juda ein, der die Befehle Babylons ausführen sollte. Doch auch er war nicht ehrlich und arbeitete mit Ägypten gegen Babylon. Viele in Juda, vor allem die Propheten, warnten den König: „Gottes Gegenwart im Tempel ist keine Garantie dafür, dass wir nicht untergehen. Nur wenn ihr euch ehrlich und sozial verhaltet, ist Gott mit euch!"

Doch der König und seine Berater missachteten diese Warnungen, denn es gab auch viele Judäer, die den König unterstützen: „Jerusalem ist die Stadt mit dem Berg Zion, auf dem der Tempel steht. JHWH ist im Tempel anwesend, er ist der Schutz für die Stadt. Uns kann nichts geschehen."

588 v. Chr. kehrte Nebukadnezzar II. noch einmal zurück und belagerte Jerusalem. Durch die mehrmonatige Belagerung brach eine Hungersnot in Jerusalem aus. 587 v. Chr. wurde die Stadt erobert, niedergebrannt und auch der prächtige Tempel JHWHs auf dem Berg Zion wurde völlig zerstört, alle Tempelschätze und Kultgegenstände wurden geraubt. Die Söhne des Königs wurden umgebracht und der König selber geblendet, sodass er erblindete.

Dazu kam eine neue große Deportationswelle. Die politische, geistliche und wirtschaftliche Elite musste das Land verlassen und wurde, ebenso wie alle Handwerker, nach Babylon deportiert. Es blieb zwar ein größerer Teil der Bevölkerung im Land, der aber bestand meist aus landlosen Bewohnern der ungebildeten Unterschicht.

Für die Mehrheit des Volkes bedeutete diese Situation das totale Chaos und das Ende des Glaubens an einen unschlagbaren Gott JHWH. Ihr Weltbild brach zusammen. Viele hatten Angst, denn sie ahnten: Wenn erst einmal die politischen und religiösen Institutionen zerstört sind, dann ist das auch das Ende der Existenz unseres Volkes und unserer Religion. Unter den Deportierten brach Verzweiflung und Hoffnungslosigkeit aus. Alles, woran sie geglaubt hatten, schien verloren. Ihr Volk existierte nicht mehr, denn die Juden lebten verstreut in verschiedenen Gebieten.

I. Alkemeier

# Gruppe 2: Die große Glaubenskrise – wer ist JHWH?

1. *Beschreiben Sie Ihren Mitschülerinnen und Mitschülern das Besondere des Glaubens an JHWH (Jahwe).*

2. *Erklären Sie ihnen, warum das Babylonische Exil zur Krise im Glauben führte.*

„An den Flüssen von Babylon saßen wir und weinten, wenn wir an Zion dachten."
Psalm 137,1; eig. Übersetzung

*Sie lernen in diesem Gruppenpuzzle die schlimmste Erfahrung kennen, die die Juden in vorchristlicher Zeit machen mussten: das Babylonische Exil. Das Exil führte zu einer gewaltigen Krise. In diesem Puzzleteil erfahren Sie mehr über die Hintergründe dieser* ***religiösen*** *Krise.*

Das Besondere am Glauben der Juden war, dass sie sich von den Göttern der anderen Gesellschaften um sie herum losgesagt hatten. Sie glaubten nicht an viele Götter, sondern sie setzten all ihren Glauben auf JHWH (Jahwe) und vertrauten ihm. JHWH war der Gott der Befreiung. Er hatte dem Volk seinen Schutz zugesagt und hatte Jerusalem und den Berg Zion mit dem Tempel als Ort seiner Gegenwart auserwählt. Der Tempel war ein ‚Heiliger Ort'. Hier brachten die Juden ihrem Gott Tieropfer. JHWH war für die Juden der wichtigste Gott, und man glaubte, dass er im Tempel wohnte.

Doch im Jahr 587 v. Chr. wurde das Südreich Juda durch die Babylonier erobert, der Tempel wurde zerstört und die Mitglieder der jüdischen Oberschicht (Reiche, Gebildete u. a.) wurden in das babylonische Reich abtransportiert. Nun mussten viele Juden im fernen Babylon leben. Bisher hatten sie im prächtigen Tempel in Jerusalem ihrem Gott JHWH täglich Brandopfer (Tieropfer) gebracht. Das war jetzt nicht mehr möglich, denn es gab ja nur diesen einen Tempel in Jerusalem und der war zerstört.

Die Niederlage gegenüber den Babyloniern und das fehlende Heiligtum bedeuteten eine große Krise für den Glauben der Juden. Viele begannen am Gott JHWH zu zweifeln. Sie fragten: „Was ist mit unserem Gott? Ist er schwächer als die Götter der Babylonier? Hat er keine Macht mehr? Auf wen sollen wir noch hoffen? Sollten wir, da wir ja nun schon in Babylon leben, auch die stärkeren Götter der Babylonier anbeten z. B. den Gott Marduk? Haben sich die babylonischen Götter als die wahren Götter erwiesen? Gibt es andere Götter neben JHWH, die wir verehren sollten?"

Andere sagten aber auch: „Das Exil ist die gerechte Strafe durch JHWH. Wir waren überheblich und meinten, dass Opfergaben im Tempel genügen würden, um JHWH unseren Glauben zu zeigen. So haben viele Menschen vergessen, dass sie vor allem Verantwortung tragen für die Schwachen und Armen. Die Reichen waren überheblich – auch gegenüber den Babyloniern. Sie glaubten, keiner könne Juda besiegen, weil Gott JHWH im Tempel ‚wohnte'. Das war nicht richtig. Wir sollten unser Versagen eingestehen und fester an JHWH glauben. Gerechtigkeit für alle zu erreichen ist wichtiger als Brandopfer im Tempel zu bringen.

Der Streit über die Ursachen des Exils gefährdete den inneren Zusammenhalt der Juden. So führte die politische und menschliche Katastrophe zu einer großen Krise im Glauben. Die Juden waren tief verunsichert in ihrem Glauben und erlebten die Zeit wie ein großes inneres Chaos. Sie hofften auf Trost und formulierten dies auch in den Klageliedern, die im Alten Testament stehen:

„Schrei laut zum Herrn,/stöhne, Tochter Zion[1]! Wie einen Bach lass fließen die Tränen/Tag und Nacht! Niemals gewähre dir Ruhe,/nie lass dein Auge rasten!" (Klagelieder 2,18. In: Die Bibel. Gesamtausgabe. Einheitsübersetzung der Heiligen Schrift. Hg. i. Auftrag der Bischöfe Deutschlands u. a., Katholische Bibelanstalt, Stuttgart u. a. $^{6}$1990)

I. Alkemeier

[1] Tochter Zions: gemeint ist das Volk Israels

# Gruppe 3: Das Leben in Babylon – Anpassung oder Identität?

**1.** *Erklären Sie Ihren Mitschülerinnen und Mitschülern, was man unter der ‚Gefahr der Assimilation' versteht, und worin diese im Babylonischen Exil bestand.*

**2.** *Erklären Sie ihnen, wie die Juden im Exil lebten und wie sie versuchten, der ‚Gefahr der Assimilation' entgegenzuwirken.*

„An den Flüssen von Babylon saßen wir und weinten, wenn wir an Zion dachten."
Psalm 137,1; eig. Übersetzung

*Sie lernen in diesem Gruppenpuzzle die schlimmste Erfahrung kennen, die die Juden in vorchristlicher Zeit machen mussten: das Babylonische Exil. Die anderen Gruppen werden berichten, wie es zum Exil kam. Sie erfahren in diesem Puzzleteil etwas über das Leben der Juden in Babylon.*

Mehrere Tausend Menschen mussten von Jerusalem nach Babylon ziehen. Der König von Babylon, Nebukadnezzar II., hatte den Vorderen Orient fast vollständig unter seine Herrschaft gebracht. Jetzt begann er in seinem Reich mit prächtigen Neubauten und der Errichtung von Götterstatuen. Dazu benötigte er viele Handwerker und Arbeiter. Die Deportierten waren billige Arbeitskräfte.

Die Exilierten wurden nicht im gesamten Babylonien verstreut, sondern bildeten eigene kleine Ortschaften. Sie wurden auch nicht versklavt, litten keine materielle Not und führten ein einigermaßen gutes Leben. Darin lag aber auch eine große Gefahr: Viele begannen sich an das Leben der Babylonier anzupassen, einige verehrten bereits die babylonischen Götter, z. B. den obersten Gott Marduk. Überall wurden die babylonischen Götter in riesigen Bildnissen und Statuen verehrt. Das war beeindruckend. In großen Festumzügen feierten die Babylonier ihre vielen Götter und stellten in Schauspielen die Götterkämpfe dar. Das war faszinierend. Die Juden dagegen hatten keinen Tempel in Babylon und so meinte man, dass auch JHWH (Jahwe) nicht anwesend war. Daher war es nicht leicht, ihm in dieser neuen Umgebung treu zu bleiben. Der jüdische Glaube drohte unterzugehen, weil sich immer mehr Juden dem babylonischen Glauben zuwandten. Man sagt: Es besteht die Gefahr der Assimilation, d. h. die Gefahr der Anpassung.

Um das zu verhindern, schlossen sich viele Juden eng zusammen und entwickelten eigene neue religiöse Versammlungsformen. In Babylon, einem unreinen Land, war es nicht möglich Brandopfer zu bringen. Woran sollte man den Bund Gottes mit Israel erkennen? Wie konnte man sich von der andersgläubigen Umwelt unterscheiden?

Als Reaktion entstand ein neuer Treffpunkt: die Synagoge. Der Gottesdienst war aber nicht mit einem Tieropfer (wie im Tempel in Jerusalem) verbunden. Stattdessen traten Gebete und gemeinsame Schriftlesungen in den Mittelpunkt der Synagogengottesdienste, es entstand der ‚Wortgottesdienst'. Man konnte auch ohne Jerusalemer Tempel zusammenkommen und sich gegenseitig Trost und Unterstützung geben. Die Gottesdienste während der Exilszeit waren vor allem Klagegottesdienste.

Durch feste gemeinsame Bräuche stärkte man das Gefühl der Zusammengehörigkeit: die Jungen wurden als Zeichen, dass sie Juden waren, beschnitten, es gab bestimmte Speiseregeln, die die Juden einhielten.

Doch: Je mehr Jahre und Jahrzehnte im Exil vergingen, desto weniger Hoffnung hatte man auf eine Rückkehr nach Jerusalem und umso schwerer war es den eigenen Glauben zu bewahren. Die meisten Juden sehnten sich nach ihrer alten Heimat.

I. Alkemeier

# Gruppe 4: Der Glaube der Babylonier

1. *Beschreiben Sie die Religion der Babylonier.*
2. *Erklären Sie, was an der Religion der Babylonier für die Juden faszinierend und was abstoßend gewesen sein könnte.*

„An den Flüssen von Babylon saßen wir und weinten, wenn wir an Zion dachten."
Psalm 137,1; eig. Übersetzung

Ischtar-Tor im Pergamonmuseum, Berlin

*Sie lernen in diesem Gruppenpuzzle die schlimmste Erfahrungen kennen, die Israel in vorchristlicher Zeit machen musste: das Babylonische Exil. Die anderen Gruppen werden berichten, wie es zum Exil kam. Sie erfahren hier etwas über den Glauben der Babylonier.*

Wer sich – so wie die besiegten Judäerinnen und Judäer im 6. Jh. v. Chr. – Babylon näherte, sah schon von Ferne die Spitze des großen Turms, der zum Heiligtum des Stadtgottes Marduk gehörte. Sein Kult und seine Macht waren es, die die Stadt bestimmten. Breite Straßen zogen durch die Stadt, auf denen die Götterstatuen in festlichen Prozessionen durch die Straßen getragen wurden. Noch heute ist eines der Stadttore von Babylon, das Tor für die Göttin Ischtar, erhalten und weltberühmt (s. Bild). Die Ausmaße des Tores müssen auf jeden, der die Stadt durch das Tor betrat, beeindruckend gewirkt haben.

So eine prachtvolle Kultur wie das babylonische Siegervolk hatte Israel nie gehabt. Die Religion war faszinierend und lockte die Juden an. Die babylonische Weltschöpfungserzählung war spannend. In ihr wurde z. B. erzählt, dass der Mensch aus einem Götterstreit entstanden war.

Die Babylonier glaubten an viele Götter: Marduk war der Hauptgott. Er wurde oft als Mischwesen mit Schlangenkopf dargestellt und war der Gott der Stadt Babylon und der Fruchtbarkeit. Es gab ganze Götterfamilien bei den Babyloniern, die meisten waren Gestirngottheiten[1] wie z. B. der Mondgott oder der Sonnengott.

Immer zum Neujahrsfest wurde die babylonische Schöpfungserzählung in den Straßen Babylons vor den Augen des ganzen Volkes in einem großen Theaterspiel aufgeführt und gefeiert. Ein Höhepunkt bei diesem siebentägigen Fest war der Augenblick, in dem der starke babylonische Gott Marduk die Göttin Tiâmat, die Göttin der Chaosflut, die alles Leben mit Vernichtung bedrohte und daher als Drache dargestellte wurde, der Länge nach spaltete.

„Marduk ist der Rettergott!" So werden die Babylonier gerufen haben. Nach dem Sieg über die Chaosgöttin Tiâmat schleppte Marduk im Theaterspiel Tiâmat im Triumphzug davon. Das Ende des Umzuges bildeten die Götterstatuen der besiegten und unterworfenen Völker. Das sollte zeigen: Die Götter Babyloniens sind die stärksten – alle anderen sind nur untergeordnete Gottheiten.

Aber für den jüdischen Gott JHWH gab es keine Statue, die gezeigt werden konnte. An seiner Stelle wurden die gestohlenen Kultgegenstände aus dem Jerusalemer Tempel getragen. Die Israeliten, die den Zug sahen, werden diese Demütigung mit Verzweiflung wahrgenommen haben. Es wurde ihnen mehr als deutlich vor Augen geführt, dass Marduk sich als stärker erwiesen hatte als der Gott Israels JHWH.

I. Alkemeier

[1] Gestirne: Himmelskörper, Planeten und Sterne

# Vertiefungsaufgabe: Geografische Zusatzinformationen

> „An den Flüssen von Babylon
> saßen wir und weinten,
> wenn wir an Zion dachten."
> Psalm 137,1; eig. Übersetzung

Das Babylonische Reich zur Zeit König Nebukadnezzars II.

**Das Südreich Juda und Jerusalem**

Lange Zeit bestand Gesamtisrael aus zwei Teilen: dem Nordreich ‚Israel' und dem Südreich ‚Juda'. Zur Zeit des Königs Nebukadnezzar II. war das Nordreich bereits erobert. Es existierte nur noch das Südreich ‚Juda'. Juda hatte einen eigenen König, der in Jerusalem lebte. Dort stand auf dem Berg Zion der Tempel, das höchste Heiligtum der Juden. Hier ‚wohnte' JHWH.

**Der Weg ins Exil**

Der direkte Weg führte durch die Wüste zwischen Jerusalem und Babylon. Für eine Gruppe von mehreren Tausend Männern, Frauen und Kindern war es jedoch nicht möglich quer durch die Wüste zu laufen. So zog man am Rande der Arabischen Wüste entlang. Babylon lag am Fluss Euphrat (im heutigen Zentralirak). Die Juden saßen vermutlich abends oft an einem seiner vielen Nebenflüsse und dachten traurig an Israel und an die Menschen, die dort geblieben waren.

1. *Machen Sie sich mit der Landkarte vertraut und finden Sie die im Text genannten Orte/Regionen.*
2. *Berechnen Sie mithilfe der Karte, wie weit die Israeliten wandern mussten. Bringen Sie diese Informationen in die folgende Gruppenarbeit mit ein.*

---



# Vertiefungsaufgabe

> „An den Flüssen von Babylon
> saßen wir und weinten,
> wenn wir an Zion dachten."
> Psalm 137,1; eig. Übersetzung

■ *Versuchen Sie möglichst viele der Fragen, die Sie am Anfang zu dem Zitat aus Psalm 137 hatten, zu beantworten.*
*Halten Sie das Ergebnis in Stichworten fest.*

---



# Vertiefungsaufgabe

> „An den Flüssen von Babylon
> saßen wir und weinten,
> wenn wir an Zion dachten."
> Psalm 137,1; eig. Übersetzung

■ *Die Menschen im Babylonischen Exil sind ohne Hoffnung und bedürfen des Trostes. Sammeln Sie auf dem bereitliegenden Arbeitsblatt Gründe dafür.*
*Halten Sie Ihre Ergebnisse auf der Folie fest.*

# Begriffe für die Strukturlegemethode

| | |
|---|---|
| Nebukadnezzar II. | Oberschicht |
| Götterstatue | Assimilation |
| Zerstörung Jerusalems (587 v. Chr.) | Klagegottesdienste |
| Sonnengott Marduk | Chaos |
| Deportation | unbesiegbar |
| Tempel | Neujahr-Theaterspiel |
| unrein | keine Statue |
| Brandopfer | Synagoge |
| JHWH | Zweifel |
| Babylon | |

1. *Schneiden Sie die Begriffe aus.*
2. *Legen Sie die Begriffe zur Seite, die Sie noch nicht verstehen oder nicht mit Inhalt füllen können.*
3. *Falls Ihrer Meinung nach ein wichtiger Begriff fehlt, so schreiben Sie ihn in das leere Kästchen.*
4. *Legen Sie die anderen Begriffe so zueinander, wie sie Ihrer Meinung nach bedeutungsmäßig zusammengehören. Alle Strukturen, die Sie legen, sind richtig, wenn Sie sie nachher einsichtig begründen können.*

# Gründe für die Trostdürftigkeit der Juden

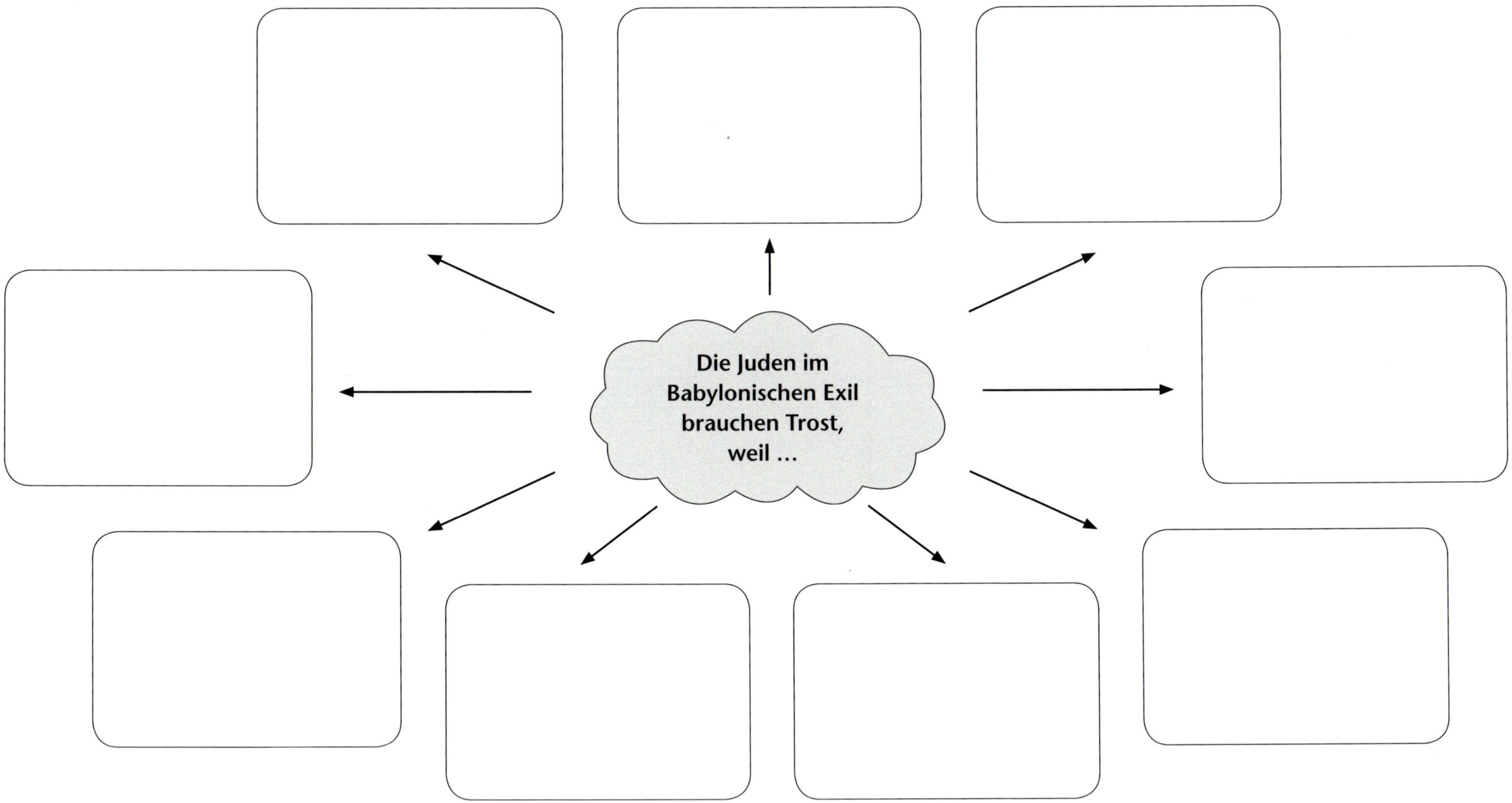


- *Die Menschen im Babylonischen Exil sind ohne Hoffnung.*
  *Sammeln Sie möglichst viele Gründe dafür, warum sie verzweifelt sind und Trost benötigen.*
  *Halten Sie Ihre Ergebnisse auf diesem Arbeitsblatt fest.*

# Gen 1,1–2,4a – eine Trost- und Hoffnungserzählung

## Reziprokes Lesen

→ Arbeitsblätter 20 und 21, S. 70 f.

### Methodischer Kommentar

SI SII

Nachdem die Schüler die Gründe für die Trostbedürftigkeit der Juden zusammengetragen haben, entsteht die Leitfrage, wie diese Juden getröstet werden können. Im Rückgriff auf die bisherigen Überlegungen und im Sinne der kognitiven Aktivierung sollen die Schüler eigene Ideen entwickeln. Dabei können sie auf ihr Wissen aus den Bausteinen 2 bis 4 zurückgreifen. Ein sinnvoller **Einstieg**simpuls wäre:

→ Kapitel 2.3 und 2.4

- *Die Juden kommen zu ihren Priestern, klagen ihr Leid und hoffen auf Trost. Wie kann man diese Menschen trösten? Machen Sie den Priestern im Exil Vorschläge.*

Die durch die Leitfrage angeregte Phase des eigenen Nachdenkens und der Bildung eigener Vermutungen sollte ausgekostet werden. Statt den Schülern sofort Antworten auf das Problem zu geben, wird erst in Erfahrung gebracht, welche Gedanken die Schüler dazu im Kopf haben. Dies dient der Schüleraktivierung und ermöglicht diagnostische Beobachtungen.

- Wie greifen die Schüler zu?
- Über welche kognitiven Strukturen verfügen sie schon?
- Welche Verknüpfungen zur ersten Unterrichtssequenz stellen sie her, d. h. welches Vorwissen nutzen sie?
- Welche Korrelation nehmen sie vor?

Methodisch empfiehlt sich zur Entwicklung von Hypothesen die kooperative Grundform ‚Think-Pair-Share'. In Einzelarbeit notieren die Schüler ihre Gedanken und nutzen dazu die Möglichkeit, im Heft zurückzublättern, um sich durch die Ergebnisse der bisherigen Arbeit zu neuen Ideen anregen zu lassen (Think-Phase).

In einer Partnerarbeitsphase tauschen sich die Schüler untereinander aus, gewinnen Sicherheit in ihren Überlegungen sowie neue inhaltliche Erkenntnisse. Gemeinsam formulieren sie mögliche Trostsätze in direkter Rede (Pair-Phase).

Nach dem Zufallsprinzip werden anschließend mehrere Schüler ausgewählt, die ihre Ergebnisse vorstellen. Das Plenum ergänzt weitere Formulierungen. Die Ergebnisse werden gesichert (Share-Phase).

Beispiele aus der Unterrichtspraxis:

„Wir haben schon so viele gute Erfahrungen mit unserem Gott gemacht. Daran sollten wir uns erinnern."
Ziel: Grundvertrauen stärken.

„Wir sind nicht allein und können uns gegenseitig stärken. Wir sollten uns regelmäßig in der Synagoge treffen."
Ziel: Gemeinschaft stärken

„Auch wir sollten unseren Glauben feiern mit Festen und so die Dunkelheit vertreiben."
Ziel: eigene Identität feiern und zeigen

Erst jetzt wird den Schülern die Schöpfungserzählung präsentiert als eine Antwort auf die Trostlosigkeit unter den Juden während des Babylonischen Exils (**Arbeitsblatt 20**, S. 70). Die kurze Einführung des Textes löst im Sinne einer Dissonanz Verwunderung und eine kognitive Aktivierung aus. Die Schöpfungserzählung wurde von den Schülern sicher noch nie im Kontext von Trost und Trösten gelesen. Dieser Verwunderung dürfen und sollen die Schüler spontan Ausdruck verleihen. Die folgende **Erarbeitung** dient dazu, den tröstenden Elementen in der Erzählung auf die Spur zu kommen.

Im weiteren Unterrichtsverlauf sollten die Lehrenden darauf achten, die Formulierung ‚Schöpfungs*bericht*' zu vermeiden, da die Begrifflichkeit die objektive Schilderung eines Sachverhaltes oder einer Handlung nahelegt. Auch im Hinblick auf Schüleräußerungen ist es ratsam, den Begriff ‚Bericht' konsequent zu korrigieren.

**Texterschließung durch reziprokes Lesen**

Die Schöpfungserzählung mag manchem Schüler so bekannt vorkommen, dass nur eine geringe Motivation besteht, den – doch langen – Text zu lesen, geschweige denn zu erarbeiten. Eine Aufgabenstellung, die sich vor allem auf die formale Analyse der Struktur bezieht, ist zwar ertragreich, aber für Schüler wenig reizvoll.

Daher wird der Text mithilfe einer abgewandelten Form des reziproken Lesens erarbeitet, durch die eine gewisse Form von ‚Spannungsaufbau' ermöglicht wird und durch die den Schülern dennoch die Struktur des Textes mit seinem strophigen Charakter und mit dem Refrain sowie der Ordnung deutlich wird. Die Modifizierung der Methode besteht darin, dass – im Gegensatz zur Ursprungsform – die Rollen (Beobachter, Zuhörer, Vorleser) während der gesamten Texterschließung nicht wechseln.

Die Schüler werden zunächst in Dreiergruppen eingeteilt, dann werden die Rollen durch Zufallswahl ermittelt und die Schüler lesen ihre Rollenkarten (**Arbeitsblatt 21**, S. 71). Sie werden darauf hingewiesen, möglichst leise zu arbeiten (30-Zentimeter-Stimme), um die anderen nicht zu beeinflussen. Ggf. werden weitere Räumlichkeiten mitgenutzt.

- Der Vorleser erhält das Textblatt. Gen 1,1–2,4a wurde in acht Textabschnitte unterteilt, sodass der Leser abschnittweise vorträgt (**Arbeitsblatt 20**, S. 70).
- Der Zuhörer hat die Aufgabe, den Text aufmerksam zu hören und genau wiederzugeben. Er soll zudem darauf achten, welche Aussagen tröstlich wirken.
- Der Beobachter erhält seinen ‚geheimen' Arbeitsauftrag am Lehrerpult. Er unterstreicht und markiert alle Textteile, die vom Zuhörer wörtlich bzw. fast wörtlich wiedergegeben werden, auf seinem Textblatt. Einige Beobachter erhalten eine Folie, um die Ergebnisse später im Plenum präsentieren zu können.

Nach Abschluss des reziproken Lesens stellt der Beobachter sein Ergebnis vor. Gemeinsam tauschen sich die Triadenteilnehmer über ihre Beobachtungen aus und arbeiten so noch einmal in konzentrierter Form am Text.

■ *Welche Passagen wurden besonders gut behalten?*
*Warum wurden diese Passagen besonders gut behalten?*
*Welche Aussagen haben eine tröstende Wirkung?*
*Die Schöpfungserzählung – ein Schöpfungsgedicht!*
*Sammeln Sie Aspekte, die diese These stützen könnten.*

Die Auseinandersetzung mit dem Begriff ‚Schöpfungsgedicht' wirft ein neues Licht auf den Text Genesis 1,1–2,4a. Die Formalanalyse wird den Schülern – vor allem über die Strophigkeit des Textes und die rhythmisierenden Elemente – die Berechtigung dieser Bezeichnung verdeutlichen.

Bei der **Präsentation** stellen die Schüler die Ergebnisse ihrer Erarbeitungen vor. Die Sammlung der Ergebnisse und die Auseinandersetzung mit der Frage, ob die Schöpfungserzählung als ‚Trosterzählung' wirken kann und wo sich Parallelen zum ‚Trösten heute' finden, ist anspruchsvoll und fordert sowohl die Schüler als auch die unterrichtende Person.

Für diese Phase sollte man sich genügend Zeit lassen. Im Sinne eines metakognitiven didaktischen Haltepunktes reflektieren die Schüler den bisherigen Lernprozess. Sie untersuchen arbeitsteilig noch einmal bestimmte Materialien und Unterrichtsergebnisse im Hinblick auf die Frage, ob sich ähnliche Trostelemente in der Schöpfungserzählung finden lassen. Mögliche Aspekte, die hier entdeckt werden können, sind z. B.:

- Parallele zum Zitat von Peter Noll: Der Mensch gewinnt neues Vertrauen in das Leben und die Welt, obwohl sich die Situation nicht ändert – neue Wahrnehmung von Wirklichkeit
- Parallele mit den eigenen Lösungsvorschlägen zur Fantasiereise und auf die eigenen Trostideen: das Licht anmachen gegen die Dunkelheit; ‚Alles wird gut'-Trostspruch, ein Lied singen, eine Geschichte mit Happy End erzählen, umarmen und Geborgenheit schaffen und so die Angst, das Chaos vertreiben
- Parallele zum Text von Peter L. Berger: Der ‚Alles wird gut'-Ausspruch und die Frage nach dem Verhältnis von Trost und Glaube, Trost und Gottvertrauen (Transzendenzbezug).

Eine umfassende Erarbeitung der Trostbedeutung muss hier nicht geleistet werden, weil dieser Aspekt im Baustein 7 noch weiter vertieft wird. Sollten sich die Schüler mit dieser Aufgabe schwertun, so hilft am Ende von Baustein 7 ein resümierender Text dabei, die zentralen ‚Trostelemente' in der Schöpfungserzählung noch einmal zu fokussieren und zu bündeln (**Zusatzmaterial 4**, S. 76).

→ Baustein 7

# Die priesterschriftliche Schöpfungserzählung: Gen 1,1–2,4a

**1** 1 Am Anfang schuf Gott Himmel und Erde; 2 die Erde aber war wüst und wirr, Finsternis lag über der Urflut und Gottes
Geist schwebte über dem Wasser.
3 Gott sprach: Es werde Licht. Und es wurde Licht. 4 Gott sah, dass das Licht gut war. Gott schied das Licht von der Fins-
ternis 5 und Gott nannte das Licht Tag und die Finsternis nannte er Nacht. Es wurde Abend und es wurde Morgen: erster
Tag.

6 Dann sprach Gott: Ein Gewölbe entstehe mitten im Wasser und scheide Wasser von Wasser. 7 Gott machte also das
Gewölbe und schied das Wasser unterhalb des Gewölbes vom Wasser oberhalb des Gewölbes. So geschah es 8 und Gott
nannte das Gewölbe Himmel. Es wurde Abend und es wurde Morgen: zweiter Tag.

9 Dann sprach Gott: Das Wasser unterhalb des Himmels sammle sich an einem Ort, damit das Trockene sichtbar werde.
So geschah es. 10 Das Trockene nannte Gott Land und das angesammelte Wasser nannte er Meer. Gott sah, dass es gut
war. 11 Dann sprach Gott: das Land lasse junges Grün wachsen, alle Arten von Pflanzen, die Samen tragen, und von
Bäumen, die auf der Erde Früchte bringen mit ihrem Samen darin. So geschah es. 12 Das Land brachte junges Grün
hervor, alle Arten von Pflanzen, die Samen tragen, alle Arten von Bäumen, die Früchte bringen mit ihrem Samen darin.
Gott sah, dass es gut war. 13 Es wurde Abend und es wurde Morgen: dritter Tag.

14 Dann sprach Gott: Lichter sollen am Himmelsgewölbe sein, um Tag und Nacht zu scheiden. Sie sollen Zeichen sein
und zur Bestimmung von Festzeiten, von Tagen und Jahren dienen; 15 sie sollen Lichter am Himmelsgewölbe sein, die
über die Erde hin leuchten. So geschah es. 16 Gott machte die beiden großen Lichter, das größere, das über den Tag
herrscht, das kleinere, das über die Nacht herrscht, auch die Sterne. 17 Gott setzte die Lichter an das Himmelsgewölbe,
damit sie über die Erde hin leuchten, 18 über Tag und Nacht herrschen und das Licht von der Finsternis scheiden. Gott
sah, dass es gut war. 19 Es wurde Abend und es wurde Morgen: vierter Tag.

20 Dann sprach Gott: das Wasser wimmle von lebendigen Wesen und Vögel sollen über dem Land am Himmelsgewölbe
dahinfliegen. 21 Gott schuf alle Arten von großen Seetieren und anderen Lebewesen, von denen das Wasser wimmelt,
und alle Arten von gefiederten Vögeln. Gott sah, dass es gut war. 22 Gott segnete sie und sprach: Seid fruchtbar und
vermehrt euch und bevölkert das Wasser im Meer und die Vögel sollen sich auf dem Land vermehren. 23 Es wurde
Abend und es wurde Morgen: fünfter Tag.

24 Dann sprach Gott: Das Land bringe alle Arten von lebendigen Wesen hervor, von Vieh, von Kriechtieren und von
Tieren des Feldes. So geschah es. 25 Gott machte alle Arten von Tieren des Feldes, alle Arten von Vieh und alle Arten von
Kriechtieren auf dem Erdboden. Gott sah, dass es gut war. 26 Dann sprach Gott: Lasst uns Menschen machen als unser
Abbild, uns ähnlich. Sie sollen verantwortlich herrschen über die Fische des Meeres, die Vögel des Himmels, das Vieh,
die ganze Erde und über alle Kriechtiere auf dem Land. 27 Gott schuf also den Menschen als sein Abbild; als Abbild
Gottes schuf er ihn. Als Mann und Frau schuf er sie.

28 Gott segnete sie und Gott sprach zu ihnen: Seid fruchtbar und vermehrt euch, bevölkert die Erde, setzt euern Fuß
schützend auf sie und tragt Verantwortung für sie, für die Fisches des Meeres, für die Vögel des Himmels und für alle
Tiere, die sich auf dem Land regen. 29 Dann sprach Gott: Hiermit übergebe ich euch alle Pflanzen auf der ganzen Erde,
die Samen tragen, und alle Bäume mit samenhaltigen Früchten. Euch sollen sie zur Nahrung dienen.
30 Allen Tieren des Feldes, allen Vögeln des Himmels und allem, was sich auf der Erde regt, was Lebensatem in sich hat,
gebe ich alle grünen Pflanzen zur Nahrung. So geschah es. 31 Gott sah alles an, was er gemacht hatte: Es war sehr gut.
Es wurde Abend und es wurde Morgen: der sechste Tag.

**2** 1 So wurden Himmel und Erde vollendet und ihr ganzes Gefüge. 2 Am siebten Tag vollendete Gott das Werk, das er
geschaffen hatte, und er ruhte am siebten Tag, nachdem er sein ganzes Werk vollbracht hatte. 3 Und Gott segnete den
siebten Tag und erklärte ihn für heilig; denn an ihm ruhte Gott, nachdem er das ganze Werk der Schöpfung vollendet
hatte.
4a Das ist die Entstehungsgeschichte von Himmel und Erde, als sie erschaffen wurden.


Ausgenommen: Verse 1,1; 1,26 und 1,28; Übersetzung I. Alkemeier

# Rollenkarten für die Triadenarbeit

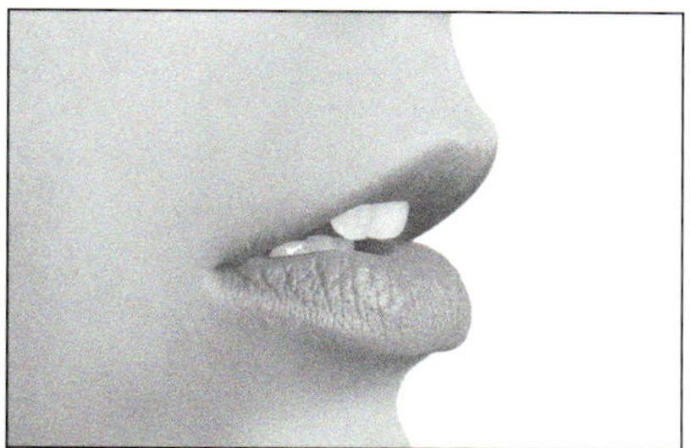

Sie sind
**die Vorleserin bzw. der Vorleser. Besorgen Sie sich ein Textblatt zu Gen 1,1–2,4a.**

Lesen Sie jeweils einen Textabschnitt deutlich vor, sodass Ihre Zuhörerin, Ihr Zuhörer Ihnen gut folgen kann.

Der Zuhörer hat die Aufgabe, das Gehörte zu wiederholen. Erst wenn dieser mit der Wiedergabe fertig ist, können Sie – falls nötig – wichtige fehlende Textinfos ergänzen oder schwere Fehler korrigieren.

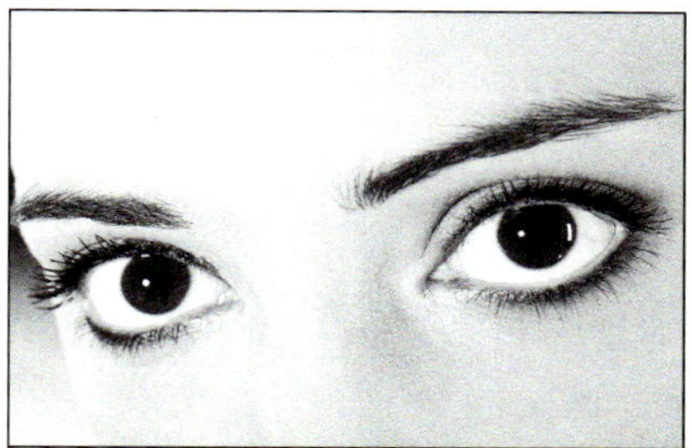

Sie sind
**die Beobachterin bzw. der Beobachter. Besorgen Sie sich ein Textblatt zu Gen 1,1–2,4a.**

Teilen Sie Ihren Arbeitsauftrag den anderen bitte nicht mit, sondern erst dann, wenn diese Triadenübung beendet ist.

Sie sollen genau zuhören, was der Zuhörer vom Bibeltext wiedergibt. Markieren Sie (mit Textmarker) auf Ihrem Textblatt alle Stellen, die wörtlich (oder fast wörtlich) wiedergegeben werden konnten. Achten Sie darauf, dass der Zuhörer nicht in Ihr Textblatt schauen kann. Verwenden Sie am besten eine feste Unterlage und halten Sie etwas Abstand zu Ihren beiden Gruppenpartnern.

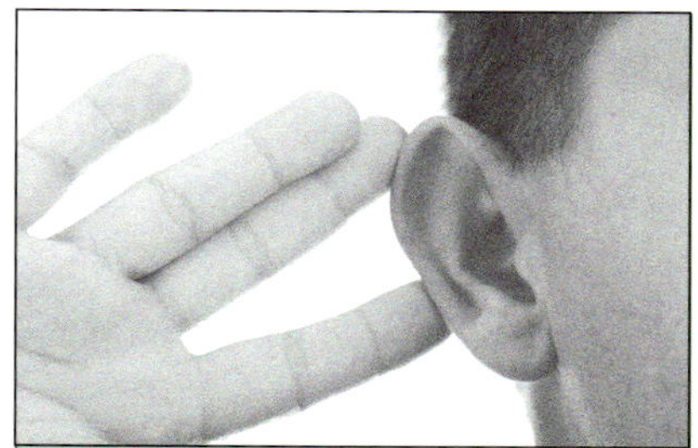

Sie sind
**die Zuhörerin bzw. der Zuhörer.**

Hören Sie der Vorleserin bzw. dem Vorleser aufmerksam zu und geben Sie anschließend das Gehörte so gut, wie es Ihnen möglich ist, wieder.

Der Vorleser gibt Ihnen nach jedem Abschnitt eine Rückmeldung.

Hören Sie den Text mit den Ohren der verzweifelten Juden. Welche Gedanken, Aussagen wirken tröstend?

# Genesis – neue Sicht auf Gott und Mensch

→ Arbeitsblätter 22 a/b, S. 74 f.
→ Zusatzmaterial 4, S. 76

## Ein Vergleich mit dem Enûma-elîsch-Mythos

### Methodischer Kommentar

SI SII

„Kölle alaaf"

Als **Einstieg** in diesen Baustein kann den Schülern der Begriff ‚Referenztext' bzw. ‚Referenzkontext' deutlich gemacht werden, indem z. B. an einem gängigen Werbespruch oder einer bekannten Aussage aufgezeigt wird, dass bekannte Worte sofort bestimmte Bilder, Assoziationen und Verbindungen beim Zuhörer auslösen. So sollte den Schülern bewusst sein, dass viele Stichworte in der jüdischen Schöpfungserzählung für die Juden zu einem Vergleich mit dem bekannten Referenztext ‚Enûma elîsch' führten und den Hörern die damit verbundene Abgrenzung unmittelbar bewusst wurde.

→ Kapitel 2.5

Die Materialien aus dem Gruppenpuzzle (Gruppe 4) bieten Bildmaterial, durch das man in die Thematik des babylonischen Glaubens einsteigen kann (**Arbeitsblatt 16**, S. 64).

- Die Schöpfungserzählung (Genesis 1,1–2,4a) ist von den jüdischen Priestern mit großer Sicherheit als Reaktion auf den babylonischen Schöpfungsmythos ‚Enûma elîsch' formuliert worden. Man sagt: Enûma elîsch bildet den Referenztext für Gen 1,1–2,4a.

Die Schüler werden für den weiteren Lernweg selbst einen Vergleich beider Texte fordern. Dies soll in der folgenden **Erarbeitung** geschehen. Die **Arbeitsblätter 22a/b** (S. 74 f.) bieten eine gelenkte Möglichkeit für diesen Vergleich, da die Vergleichskriterien bereits vorgegeben werden.

In der **Auswertung und Vertiefung** soll den Schülern bewusst werden, dass der Vergötterung der Gestirne im babylonischen Glauben eine rein funktionale Betrachtungsweise im biblischen Schöpfungsmythos entgegentritt. Zudem wird der Gott der Juden als Schöpfer der Gestirne, die von den Babyloniern als Götter verehrt werden, dargestellt.

Darüber hinaus sollte die Stellung des Menschen in beiden Texten intensiv reflektiert werden. Ein Fazit als Ergebnis des Vergleichs verdeutlicht den ‚Mehrwert' des Schöpfungsgedichts gegenüber dem babylonischen Schöpfungsmythos. Auch wenn sich die konkreten Lebensverhältnisse nicht verändern, so bietet der Schöpfungsmythos doch eine neue, selbstwertfördernde Sicht auf die Wirklichkeit an.

Abschließend wird noch einmal die Frage fokussiert: Ist die Schöpfungserzählung eine Trosterzählung? Löste der Gedanke zu Beginn der Sequenz eine kognitive Dissonanz aus, so sollten die Schüler nun in der Lage sein, die Frage begründet zu bejahen. Je nach Alter und Leistungsvermögen der Schüler ist es sinnvoll, abschließend noch einmal den Text ‚Die Schöpfungserzählung – eine Trosterzählung?' (vgl. **Zusatzmaterial 4**, S. 76) zu lesen und bearbeiten zu lassen.
Durch einen Rückbezug zum Zitat von P. Noll (vgl. S. 36) werden Parallelen anschaulich bewusst:

- Trost ist mit einem neuen Wirklichkeitsverständnis verbunden. Trost hängt mit Vertrauen und der neuen Hoffnung auf Sinn zusammen. Diese Blickwinkeländerung ist eine freiwillige Entscheidung, sie kann niemandem aufgezwungen werden.

Oder es erfolgt eine Auseinandersetzung mit den letzten Sätzen des Textes in Kombination mit dem Text von Peter L. Berger. Auch Aufgaben im Sinne einer kritischen Stellungnahme (AFB III) und eines Gegenwartsbezuges bieten sich an.

Der Spannungsbereich ‚Schöpfung – Evolution' wurde in der Reihe bisher bewusst nicht angesprochen. Nun wäre ein sinnvoller Zeitpunkt dafür. Jetzt können die Schüler zu folgenden Äußerungen begründet Stellung nehmen.

- „Es gibt keinen Grund am Text zu zweifeln: Der biblische Schöpfungsbericht sollte wortwörtlich verstanden werden."
- „So ein Quatsch! Wer glaubt heute denn so was noch. Der hat doch von Evolution keine Ahnung. Die Welt ist nicht in sieben Tagen entstanden. Das ist bewiesen!"

Die Jugendlichen können darlegen, dass solche Formulierungen den Sinn des Textes und seine Zielrichtung völlig verkennen. Sowohl rein naturwissenschaftliche Perspektiven als auch fundamentalistisch-kreationistische Positionen können kritisch hinterfragt und kommentiert werden. Erfolgt dieser Schritt hier nicht, so kann er für eine Leistungsüberprüfung (Klausur oder Schriftliche Übung) eingesetzt werden (vgl. **Arbeitsblatt 36**, S. 102).
Die Unterrichtsreihe kann an dieser Stelle enden. In Form einer Selbstevaluation können die Schüler ihr Wissen überprüfen bzw. Lücken bewusst erkennen und ggf. beheben (vgl. **Arbeitsblatt 33**, S. 99).

Die Lerntheke in Baustein 8 ist fakultativ. Sie ermöglicht im Sinne des selbstständigen Arbeitens eine sinnvolle Fortsetzung, Übung und Vertiefung der Inhalte.

| | Enûma elîsch | Genesis 1,1–2,4 |
|---|---|---|
| **Weltentstehung** | Entstehung aus einem brutalen Götterkampf; Erde entsteht aus dem Leichnam Tiâmats. | Gott schuf die Erde ohne notwendigen Grund, aus dem Nichts, in sieben Tagen, ordnet sie, schafft Leben, Wortschöpfung. |
| **Gottesvorstellung** | Es gibt viele Götter! Diese liegen miteinander im Streit, töten sich gegenseitig. | Es gibt nur einen Gott: JHWHL. |
| **Bedeutung der Gestirne** | Gestirne sind Götter; Marduk ordnet sie. | Alle Gestirne sind Geschöpfe des einen Gottes. |
| **Mensch: Entstehungsprozess** | Aus dem Blut des ermordeten, kriegerischen Kingu entsteht der Mensch. | Wortschöpfung: Gott spricht und alles – auch der Mensch – entsteht; friedlicher Prozess. |
| **Mensch: Entstehungszweck, -grund** | Damit der Mensch den Göttern das Leben erleichtert, ihnen dient und statt ihrer arbeitet. Mensch ist wie ein Arbeitssklave. | Mensch ist Abbild Gottes, er soll sich vermehren, soll Verantwortung übernehmen. Gott schenkt dem Menschen die Erde. |
| **Lebensgefühl der Menschen** | Ein Babylonier fühlt sich als Diener. Die Götter stehen über ihm. Er lebt sein Leben für die Götter. | Ein Jude lebt in dem Glauben, dass Gott Vertrauen in ihn hat, da er ihm die Erde anvertraut hat, gutes Lebensgefühl, Abbild Gottes. |
| **Fazit** | Genesis 1,1–2,4a greift viele Motive aus dem Referenztext ‚Enûma elîsch' auf, rückt Gott JHWH und Menschen in ein viel positiveres Licht: Aussagen des babylonischen Mythos werden abgewertet. Schöpfungserzählung vermittelt Grundvertrauen in JHWH. | |

# Ausschnitte aus dem babylonischen Schöpfungsmythos ‚Enûma elîsch' (1)

■ *Vergleichen Sie die Aussagen des Enûma elîsch mit denen aus Genesis 1,1–2,4a, indem Sie in Tabellenform*
*a) erarbeiten, wozu die Welt entsteht und woraus sie hervorgegangen ist.*
*b) die jeweilige Gottes-/Göttervorstellung wiedergeben.*
*c) die Bedeutung der Gestirne erklären.*
*Tauschen Sie sich dann mit Ihrem Partner aus, der den zweiten Teil des Mythos bearbeitet hat (Arbeitsblatt 22b).*

| | **Enûma elîsch** | **Genesis 1,1–2,4a** |
|---|---|---|
| Weltentstehung | | |
| Gottes-/Göttervorstellung | | |
| Bedeutung der Gestirne | | |

*Die babylonische Schöpfungserzählung wurde ungefähr 900 v. Chr. von babylonischen Priestern auf sieben Steintafeln geschrieben. Die jüdischen Gelehrten kannten natürlich diese Texte. Daher ist es interessant zu sehen, wie sie auf Enûma elîsch indirekt Bezug nehmen. Im Mythos wird erzählt, wie die Erde geschaffen wurde. Apsû („der Uranfängliche") und Tiâmat („die sie alle gebar"; dargestellt als Seeungeheuer) sind die ersten Daseinsformen, lange vor der Schöpfung. Es entstehen mehrere Götter, über die jedoch – außer den Namen – nichts bekannt ist. Später werden Apsû und Tiâmat in einem Götterkampf von den Göttern der neuen Generation (Marduk) gestürzt. Hier setzt der folgende Text ein.*

Da traten zusammen Tiâmat und Marduk, der weiseste der Götter,
Stürzten sich aufeinander und begegneten sich im Kampf. [...]
Als Tiâmat das Maul auftat, um ihn zu verschlingen, warf er den Sturm hinein,
Damit sie ihre Lippen nicht wieder schließen könne.
Die grimmigen Winde füllten ihren Leib.
Ihr Leib blähte sich auf, und ihr Maul blieb offen.
Er schoss einen Pfeil ab, zerriss ihr den Bauch,
Ihr Inneres zerriss er und durchbohrte ihr Herz.
Als er sie bezwungen hatte, tilgte er ihr Leben aus,
Ihren Leichnam warf er zu Boden und stellte sich darauf.
Es stellte der Herr seinen Fuß auf Tiâmats Kreuz,
Mit seinem schonungslosen Dolch spaltete er ihren Schädel.
Nun ruhte der Herr und beschaute ihren Leichnam.
Aus dem geteilten Ungeheuer wollte er Kunstvolles schaffen.
Er schnitt es also entzwei wie einen getrockneten Fisch,
Der einen Hälfte bediente er sich, das Himmelsgewölbe zu machen. [...]
Er gab Tiâmats Kopf einen Platz; darüber häufte er ein Gebirge.
Er machte die unterirdischen Wasser frei, die Flut ergoss sich.
In ihren Augen schloss er den Euphrat und den Tigris auf,
Er verstopfte ihre Nasenlöcher.
Er häufte auf ihrer Brust fruchtbare Hügel an.
Er [der Gott Marduk] ersann Standorte für die großen Götter.
In Sternbildern ordnete er ihre Entsprechungen, die Sterne.
Er bestimmte das Jahr, teilte Abschnitte ab,
Für jeden der zwölf Monate bestimmte er drei Sterne.
Er ließ Nannar, den Mondgott, erglänzen und vertraute ihm die Nacht an.
Er machte ihn zum Schmuck der Nacht, um die Zeit zu bestimmen (Neu-,Voll-,Halbmond) [...].

Marduk kämpft gegen Tiâmat

Quelle: Hans Zimmermann: Quellensammlung: Enûma elîsch. http://www.earlyworld.de/enuma_elish.htm.
Gekürzte und veränderte Version: http://12koerbe.de/archefenuma.htm [10.10.2013]

# Ausschnitte aus dem babylonischen Schöpfungsmythos ‚Enûma elîsch' (2)

■ *Vergleichen Sie die Aussagen mit denen aus Genesis 1,1–2,4a, indem Sie in Tabellenform*
*a) erklären, wie der Mensch erschaffen wurde.*
*b) darlegen, welche ‚Stellung', Position der Mensch in der Schöpfung hat.*
*c) sich überlegen, welches Lebensgefühl ein Mensch hat, der an die babylonische Schöpfungserzählung bzw. an die Schöpfungserzählung in Genesis 1,1–2,4a glaubt.*
*Tauschen Sie sich mit Ihrem Partner aus, der den ersten Teil des Mythos bearbeitet hat.*

| | Enûma elîsch | Genesis 1,1–2,4a |
|---|---|---|
| Mensch – Entstehungsprozess | | |
| Mensch Entstehungszweck | | |
| Lebensgefühl des Menschen | | |

*Das Werk ‚Enûma elîsch' ist die babylonische Schöpfungserzählung und wurde von babylonichen Priestern schon ca. 900 v. Chr. geschrieben. Es wurde in Keilschrift auf sieben Tontafeln festgehalten. Das Gedicht ist in Abschriften vom 9. bis 2. Jahrhundert v. Chr. fast vollständig erhalten. Dir liegt ein Ausschnitt aus der sechsten Tafel vor. Die jüdischen Gelehrten kannten natürlich diese Texte. Daher ist es interessant zu sehen, wie sie auf Enûma elîsch indirekt Bezug nehmen und ein ganz eigenes ‚Glaubensprofil' und ‚tröstliches Weltbild' entwickeln. Der folgende Textauszug stammt aus dem babylonischen Schöpfungsmythos ‚Enûma elîsch'.*

Nun beschloss Marduk, ein großes Werk zu schaffen.
Er ergriff das Wort und sprach mit Ea,
Um seine Meinung zu erfahren über den Plan, den er ersonnen hatte:
Ein Gewebe von Blut will ich machen, Gebein will ich bilden,
Um ein Wesen entstehen zu lassen: Mensch sei sein Name.
Erschaffen will ich ein Wesen, den Menschen.
Es soll die Arbeit der Götter verrichten zu ihrer Erleichterung. […]
Marduk forschte nach dem Übeltäter,
Der Tiâmat angestachelt, in den Krieg zu ziehen.
Er befragte die anderen Götter:
„Wer ist es, der den Krieg erregt,
Tiâmat zur Revolte aufgeheizt,
Den Kampf begonnen hat?
Wenn der am Kriege Schuldige mir ausgeliefert wird,
Will ich ihm seine Strafe auferlegen,
Ihr aber sollt in Frieden bleiben."
Die Götter antworteten:
„Kingu war es, der den Krieg begonnen hat."
So wurde der Gott Kingu getötet.
Aus seinem Blute schuf er die Menschheit
Und bürdetet ihnen alle mühsame Arbeit auf
Und befreite somit die Götter davon.
Marduk wurde von allen Göttern gefeiert und gepriesen.

Quelle: Hans Zimmermann: Quellensammlung: Enûma elîsch. http://www.earlyworld.de/enuma_elish.htm. Gekürzte, veränderte Version: http://12koerbe.de/arche/enuma.htm [10.10.2013]

Gott Marduk

4

# Die Schöpfungserzählung – eine Trosterzählung?

Stell dir vor, wie in Babylon einer der jüdischen Priester den hoffnungslosen Menschen, die betrübt zusammensaßen, den Schöpfungstext zum ersten Mal erzählte, vielleicht etwa so:

*„Alles begann so, dass Gott den Himmel und die Erde schuf; die Erde aber war voller Chaos, voller Tohuwabohu, alles war wüst und wirr, und große Finsternis lag über der Urflut ...“*

Die Bilder, die der Priester verwendete, müssen auf die Zuhörer in doppelter Weise gewirkt haben, nicht nur, weil das Exil für sie eine schlimme Erfahrung darstellte, sondern auch, weil darin Angst und Orientierungslosigkeit zum Ausdruck kommen. Wer kennt nicht das Gefühl, dass einem das Leben manchmal wie ein heilloses Chaos vorkommt, so als ob einem eine große Flut den Boden unter den Füßen wegreißen würde.

So müssen es die Juden gespürt haben. Sie hatten Angst vor der Übermacht der Babylonier hatten. Einerseits waren sie fasziniert von der Pracht Babylons und der Macht ihrer Götter. Denn diese Götter waren überall, in der Erde, im Meer, in den Sternen. Die Juden waren andererseits aber auch voller Unsicherheit, denn die Babylonier und ihre Götter wirkten wie eine unbesiegbare, geheimnisvolle Macht.

Wie erzählt der Priester die Mutmachgeschichte weiter? Er erzählt, dass es dieser EINE Gott ist, mit dem alles beginnt. Sein Geist ist es, der ‚über allem schwebt'. Es gibt keine fremden oder mächtigen Gegengötter. Dieser Gott spricht und die Dunkelheit muss weichen. ER schafft das helle, rettende Licht. Und selbst die von den Babyloniern als Gottheit verehrte Urflut muss gehorchen. JHWH muss nicht einmal kämpfen, es muss kein Blut fließen. Und die anderen Teile der Schöpfung: Selbst das Meer ist von IHM geschaffen worden, es ist kein eigener Gott, die Gestirne, es sind bloß Leuchten am Himmel. *„Und die Babylonier verehrten sie als ihre großen Götter!“*, hat vielleicht ein zuhörender Jude gesagt und dabei leise in sich hineingeschmunzelt.

Den Zuhörern wird deutlich: Gott ordnet das Chaos. Raum und Zeit werden strukturiert. Der Rhythmus des Schöpfungsgedichtes spiegelt diese Trost und Sicherheit spendende Ordnung wieder: Nach jedem ‚Abend', nach jeder ‚Nacht' kommt ein ‚neuer Morgen', kommt das Licht.

Schließlich hält der Priester noch eine Botschaft bereit: Gott spricht ein Wort, und es entsteht der Mensch, ein freies Wesen mit hoher Würde, als Abbild Gottes. Dieser Mensch ist kein Diener der Götter. Nein, er soll auf der Erde im Auftrag Gottes handeln. Die Babylonier glaubten, dass der Mensch zum Dienst für die Götter geschaffen wurde. Doch der Schöpfungstext macht den Juden klar, dass sie frei und von Gott gewollt sind. So müssen sie sich auch in Babylon ihre Würde nicht nehmen lassen, denn die haben sie von Gott.

Und der Priester erzählt weiter: Gott ruht am siebten Tag! Also soll auch der Mensch am siebten Tag ruhen. Es gibt zwar den Tempel – den Zion als – heiligen Ort' nicht mehr, dafür gibt es nun aber eine ‚heilige Zeit', die die Juden untereinander und mit Gott verbindet. Gott begegnet in der Feier des Sabbats. Und wer den wöchentlichen Sabbat mit begeht, der gehört zur Gemeinschaft.

In seiner Erzählung sagt der alte Priester immer wieder: *„Und Gott sah, dass es gut war!“ „Aber wie kann man das sagen, wo wir doch im Exil sitzen, das stimmt doch nicht!“, ruft ein Zuhörer. „Wir Priester vertrauen auf Gott und darauf, dass alles gut ist oder gut wird!“* Darin können Menschen auch Trost erfahren, wenn die Welt um sie herum mal wieder anders aussieht. Wir bezeugen diesen Glauben in der Schöpfungserzählung. Und du entscheidest, ob du dieser Sicht auf die Wirklichkeit, diesem Vertrauen in Gott, zustimmen kannst.

I. Alkemeier

# Lerntheke – Trost und Schöpfung: vertiefen, sichern, weiterdenken

## Die Lerntheke

→ Arbeitsblätter 23 bis 32 a/b, S. 80–96

SI SII

Die Lerntheke bietet Materialien zu allen sieben Bausteinen an. Die Stationen sind – je nach Lehrperson, zur Verfügung stehender Unterrichtszeit und -konzept – variabel einsetzbar (vgl. **Arbeitsblatt 23**, S. 80). Es ist z. B. möglich, einzelne Materialien bereits im Kontext der Bausteine 1–7 einzusetzen, um ggf. einen Aspekt noch zu vertiefen. So kann Station 4 z. B. sehr gut in Baustein 3 eingesetzt werden.
Die Schüler können vor Beginn der Lernthekenarbeit die Checkliste zur Selbstevaluation ihres Lernstands ausfüllen und den Hinweisen zur Weiterarbeit folgen, um Wissenslücken zu füllen oder Themen zu vertiefen (vgl. **Arbeitsblatt 33**, S. 99). Die Lerntheke kann auch als ‚freie Lerntheke' eingesetzt werden, an der die Schüler interessengeleitet ihre Stationen wählen. Dieses ‚Lernen in Freiheit' wird von den Schülern in der Regel sehr positiv evaluiert.

Die Materialien und Aufgabenstellungen der Lerntheke
- berücksichtigen unterschiedliche Lerntypen (z. B. kreative Aufgabenstellungen, visuelle, auditive Materialien, textorientierte Aufgaben),
- bieten die Möglichkeit sich für verschiedene Sozialformen zu entscheiden,
- fordern die Schüler auf unterschiedlichen Anforderungsniveaus (AFB I–III).

Das Übersichtsblatt gibt den Lernenden Auskunft über die Art der Aufgabenstellung, sodass sie erste Anhaltspunkte für eine begründete Wahl des Materials erhalten. Sehr gute Schüler können sich herausfordernden Aufgabenstellungen widmen und tun dies erfahrungsgemäß auch (**Arbeitsblatt 23**, S. 80). So bietet die Lerntheke eine gute Möglichkeit zur binnendifferenzierenden, individuellen Arbeit im Sinne eines Förder- und Forderansatzes.

Der Lehrer entscheidet, wieviel Zeit der Lerngruppe für die Lernthekenarbeit zur Verfügung steht. Als Minimalumfang wäre es sinnvoll, zwei Stationen zu bearbeiten und eine weitere als Hausaufgabe erledigen zu lassen. Es sollte eine Kreativaufgabe gewählt werden. Darüber hinaus können die Schüler sich für weitere ‚Profiaufgaben' entscheiden, sodass sie – im Sinne einer Lerntempodifferenzierung – unterschiedlich viele Aufgaben bearbeiten.

Das Kunstwerk ‚Der Schrei' von Edvard Munch steht im Zentrum der **ersten Station** (**Arbeitsblatt 24 a/b**, S. 81 f.).
Die Schüler erfahren durch die Kontextinformationen, welche Situation Edvard Munch künstlerisch ins Bild zu fassen versuchte.

Ein Rückblick auf die hoffnungslose Situation der Juden im Exil soll den Schülern die anthropologische Konstante der Trostlosigkeit verdeutlichen und ihr Empathievermögen im Sinne eines Perspektivwechsels steigern.

Eine sichernde und zugleich kreative und individuell lösbare Aufgabe wird den Schülern in **Station zwei** angeboten (**Arbeitsblatt 25**, S. 83). Verschiedene Aussprüche zum Thema ‚Trost, Trösten, Glauben' sollen in einen sinnvollen Gesamtkontext eingeordnet werden.

Hier kann jeder Schüler, seiner eigenen kognitiven Vernetzungen folgend, Zusammenhänge herstellen. Diese müssen jedoch in der Abfolge einsichtig begründet werden. Diese Aufgabe bietet eine Möglichkeit, kreativ zu wiederholen und intelligent zu üben (vgl. H. Meyer, Zehn Merkmale guten Unterrichts, http://www.member.uni-oldenburg.de/hilbert.meyer/9290.html; [10.10.2013]).

→ Baustein 2

Die **dritte Station** (**Arbeitsblatt 26a/b**, S. 84f.) bietet den Schülern die Möglichkeit zur Auseinandersetzung mit einem Gedicht von D. Bonhoeffer, das sie als Liedversion ggf. bereits kennen. Vor allem bei Trauergottesdiensten wird das Lied aufgrund der Trost- und Hoffnungsperspektive vielfach gesungen. Vielleicht erinnern sich die Schüler an eine solche Situation und ‚verlebendigen' somit ihren Bezug zu dem Gedicht. Die Kontextinformationen verdeutlichen die existentielle Situation, in der dieser Text entstanden ist, und dokumentieren die durch den Glauben getragene tröstende Hoffnung Dietrich Bonhoeffers. Die moderne Vertonung durch die Soulgruppe Glashaus zeigt den Schülern, dass dieser Text auch heute Musiker fasziniert und inspiriert. Die für Jugendliche schwer nachvollziehbare Verbindung von Gottesglaube und Trost angesichts des Todes wird deutlich. Damit wird – in anderer Form – der Gedankengang von P. L. Berger noch einmal aufgegriffen und vertieft.

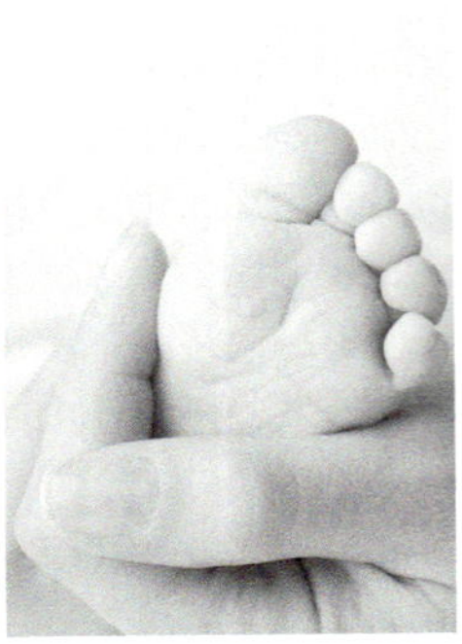

Das Kunstwerk von Udo Mathee muss den Schülern in Farbe vorliegen. Für die selbstständige Erarbeitung bieten sich eine Beschreibung des Werkes sowie der Versuch einer eigenen Deutung an. Diese **vierte Station** (**Arbeitsblatt 27**, S. 86) bietet den Schülern auch die Möglichkeit zur produktionsorientierten Erarbeitung und gibt auch stärker kreativ-visuellen Lerntypen eine Chance zur intensiven Auseinandersetzung mit der Thematik. Das Kunstwerk ist für die Schüler in seiner Aussagekraft überzeugender und leichter zugänglich als mancher Text. Die produktionsorientierte Aufgabe ist sehr motivierend.

Schülerbeispiele

→ Baustein 3

Falls das Werk von Udo Mathee bereits im Baustein 3 eingesetzt wurde, so könnte an dieser Stelle auch die Auseinandersetzung mit einem Kunstwerk von Ed Ruscha erfolgen. Ed Ruscha gilt als einer der bedeutendsten amerikanischen Künstler der zweiten Hälfte des 20. Jahrhunderts. Er arbeitet oft mit gemalter Sprache. 1972 schuf er ein Öl-auf-Leinen-Werk, in dem das Wort ‚Faith' die Bildmitte darstellt. Eine Farbdarstellung findet sich unter: http://www.artnet.com/Magazine/news/laplaca/laplaca7-6-5.asp [10.10.2013].

→ Baustein 2 und 6

In der **fünften Station** (**Arbeitsblatt 28a/b**, S. 87f.) kommen die Schüler in Kontakt mit dem Ausspruch der Moderatorin Nina Ruge: „Alles wird gut." Die Schüler erfahren, wie polarisierend dieser Ausspruch wirkt und wie die Moderatorin ihn begründet. Von dieser Station aus sind vielfältige Quervernetzungen möglich, z. B. zum Text von P. L. Berger, zur Schöpfungserzählung und auch zu anderen Stationen der Lerntheke z. B., zu Station 3 oder 6. Das Material kann für jüngere Schüler oder auch nicht so leistungsstarke Lerngruppen alternativ zum Text von P. L. Berger innerhalb des Bausteins zwei eingesetzt werden. In heterogenen Gruppen können – im Sinne der Binnendifferenzierung – auch beide Texte parallel verwendet werden.

Die **sechste Station** (**Arbeitsblatt 29**, S. 89) ist sprachlich und inhaltlich anspruchsvoll. Jörg Zink eröffnet einen neuen Blick auf die ‚trostlose' Situation der Juden, indem er die tiefe Krise als Chance zur Weiterentwicklung der jüdischen Theologie positiv interpretiert und somit dem Geschehen ‚Sinn' verleiht. Heute sind sich die Forscher einig darüber: Die Krise führte dazu, dass sich das Judentum maßgeblich konstituiert hat und den Israeliten durch die tiefgreifende Reform ihres Glaubens die Rettung ihrer Identität gelang. Im Gegensatz zu Jörg Zink nehmen viele Forscher jedoch an, dass zur Zeit des Babylonischen Exils im Judentum der Henotheismus vorherrschte. Auf eine ergänzende Darstellung zum Mono- und Henotheismus wird im Schülermaterial aus Gründen der didaktischen Reduktion verzichtet.

Im Zentrum der Station steht die Interpretation der ‚Krise als Chance'. Dies sollen die Schüler zuerst im Hinblick auf das Babylonische Exil wahrnehmen können und anschließend auch im Bezug auf trostlose Situationen im heutigen Leben. Die Fragestellungen führen zu einer *kognitiven Aktivierung* und leiten die Schüler im Sinne einer korrelativen Didaktik dazu an, einen Bezug zu ihrem eigenen Leben herzustellen.

**Station sieben** (**Arbeitsblatt 30**, S. 91) weckt mit der Aussicht auf Klärung der sperrigen ‚Abbildaussage' auch das Interesse einer breiteren Schülerschaft und motiviert zu einer stärker kognitiv ausgerichteten Erarbeitung. Die Auseinandersetzung mit dieser Station fokussiert zwei gängige Missverständnisse: die Abbild- und die Herrschaftsaussage. Die Aufgabenstellung fokussiert beide Aspekte. Das altägyptische Rollsiegel veranschaulicht die korrekte Übersetzung des Begriffs ‚herrschen' als ‚den Fuß setzen auf' und macht bewusst, dass damit ein unterdrückungsfreies Schutzmotiv gemeint ist (O. Keel, Die Welt der altorientalischen Bildsymbolik und das Alte Testament, Köln, 1980, 50).

Der Text zu dieser Station wurde erstellt auf der Grundlage zweier Quellen: B. Eltrop, Wie wörtlich die Bibel lesen? A. a. O. 5 f. und E. Zenger, Die Erschaffung der Welt – Der Kosmos als Haus für alle. In: Schöpfung. Reihe: Welt und Umwelt der Bibel, Nr. 2–1996, Kath. Bibelwerk e. V. (Hg.) Stuttgart, 1996, 26 f.

Die **Station acht** (**Arbeitsblatt 31 a/b/c**, S. 93 ff.) ermöglicht das Wiederholen und intelligente Üben in spielerischer Form. Hier können die Schüler ihr Hintergrundwissen noch einmal in Form einer szenischen Umsetzung aufarbeiten und festigen. (Die Szenen wurden entwickelt in Abänderung und Erweiterung einer Vorlage von: M. Pinter, Suchen und Entdecken, Arbeitsblätter für das 9. Schuljahr, Katechet. Institut Trier o. g. 1975, 6 f.) Die gegenseitige Kontrolle beim ‚Abfragespiel' motiviert ein intensiveres Lesen der Szenen und erhöht die aktive, echte Lernzeit (vgl. H. Meyer, 10 Merkmale guten Unterrichts, a. a. O.). Denkbar wäre auch, dass die Schüler den Text in Form eines Hörbuches umsetzen und aufnehmen (produktionsorientierter Ansatz als Hausaufgabe).

Die **neunte Station** (**Arbeitsblatt 32 a/b**, S. 95 f.) bietet den Schülern die Möglichkeit, sich noch einmal mit dem Schöpfungstext Gen 1,1–2,4a auf kreativ-originelle Art zu beschäftigen. Die Iconsprache motiviert dazu, sich dem biblischen Text zu widmen, und hat dennoch eine spielerische Leichtigkeit.
Zur Überarbeitung und Kontrolle steht ein Lösungsblatt zur Verfügung.

Lerntheke

# Die Lerntheke im Überblick – was darf es denn sein?

| Station | Thema | Sozialform, Materialumfang | Anspruchsniveau, Infos zur Aufgabe |
|---|---|---|---|
| Station 1 | Verzweiflung – Trauer: Der Schrei von E. Munch | EA<br>*(zwei Arbeitsblätter)* | gut geeignet als HA;<br>mittlerer Schwierigkeitsgrad |
| Station 2 | Spruchpuzzle zum Nach- und Überdenken des Tröstens | EA, PA<br>*(ein Arbeitsblatt, Schere)* | Was hast du noch im Kopf?<br>Satz-Puzzle-Spiel;<br>leichte Aufgabe |
| Station 3 | ‚Von guten Mächten wunderbar geborgen' – Worte des Trostes in einer trostlosen Zeit<br>Gedicht/Lied von Dietrich Bonhoeffer | EA<br>*(zwei Arbeitsblätter)* | beeindruckendes Gedicht<br>mittlerer Schwierigkeitsgrad |
| Station 4 | Trost und Trostlosigkeit – ein Gegensatz künstlerisch gestaltet: ‚Erstelle dein eigenes Bild'<br>*Das Bild nach der Bearbeitung bitte wieder in den Ordner zurücklegen!* | EA oder PA<br>*(ein Arbeitsblatt und ein foliertes Bild, Handy)* | kreative, produktionsorientierte Aufgabe zu einem Kunstwerk;<br>mittlerer Schwierigkeitsgrad;<br>gut geeignet als HA |
| Station 5 | „Alles wird gut!" Eine Fernsehmoderatorin verteidigt ihr Lebensmotto – Leserbrief | EA<br>*(zwei Arbeitsblätter)* | lebensnahe Aufgabe;<br>mittlerer Schwierigkeitsgrad |
| Station 6 | Das Babylonische Exil – ein Segen für das Judentum?<br>oder: Krisen als Chance? | EA<br>*(ein Arbeitsblatt mit zwei Seiten)* | für fitte Leute, die denken können und wollen;<br>anspruchsvolle Aufgabe |
| Station 7 | Der Mensch als Abbild Gottes – sieht Gott so aus wie wir? | EA<br>*(ein Arbeitsblatt)* | informativer Text;<br>anspruchsvolle Aufgabe |
| Station 8 | Krisensitzung in Babylon<br>Ein Hörspiel in zwei Szenen | PA<br>*(drei Arbeitsblätter)* | interessant gemacht;<br>Hörspielproduktion möglich (als Hausaufgabe);<br>mittlerer Schwierigkeitsgrad |
| Station 9 | Die Schöpfungserzählung in Form von Ikons | EA, PA<br>*(ein Arbeitsblatt)* | witzig-kreativ gemacht;<br>leichte Aufgabe |

- *Pflichtbereich:* *Bearbeiten Sie mindestens* ***drei*** *Stationen und erledigen Sie eine weitere als Hausaufgabe. Beachten Sie die Angaben zum Anspruchsniveau und suchen Sie Aufgaben, die Ihrem aktuellen Leistungsstand entsprechen.*
  *Wählen Sie maximal* ***eine*** *Kreativaufgabe im Pflichtbereich.*
- *Profibereich:* *Sie dürfen natürlich noch mehr Stationen im Unterricht oder zu Hause erledigen ☺, dabei haben Sie völlig freie Wahl im Hinblick auf die Aufgabenauswahl.*

Lerntheke

# Station 1: Verzweiflung – Trauer: E. Munch. Der Schrei

**1.** *Schauen Sie sich die Person auf dem Bild unten genau an. Beschreiben Sie in Stichworten. Versetzen Sie sich in die Person: Überlegen Sie sich, was sie gesehen, erlebt haben könnte.*

**2.** *Besorgen Sie sich vom Lehrerpult eine Kopie mit einem Infotext zum Entstehungskontext des Werks. Halten Sie einige Infos in Stichpunkten fest.*
*Vergleichen Sie in Stichpunkten die Situation der Person auf dem Bild mit der Situation der Juden im Babylonischen Exil. Lesen Sie dazu ggf. noch einmal die Materialien aus dem Gruppenpuzzle.*

Lerntheke

# Station 1: Verzweiflung – Trauer: E. Munch. Der Schrei

**Der Schrei** gilt als das berühmteste Werk des norwegischen Malers Edvard Munch (1863–1944). Es ist neben Leonardo da Vincis ‚Mona Lisa' und Vincent van Goghs ‚Sonnenblumen' eines der bekanntesten Gemälde weltweit.

Das Elternhaus von Edvard Munch war kulturell anregend, aber geprägt von schweren Schicksalsschlägen. Die Mutter starb, als Edvard fünf Jahre alt war, an Tuberkulose. Edvard selbst war sehr anfällig für Krankheiten, aber nicht er, sondern seine ältere Schwester Sophie war das nächste Opfer. Auch sie starb an Tuberkulose. Edvards jüngere Schwester Laura litt an Depressionen.

Diese Eindrücke von Krankheit, Tod, Trauer und Hoffnungslosigkeit greift Munch in seiner Kunst auf. Munch gilt als Wegbereiter für die expressionistische Malerei, d. h. er möchte sein inneres Erleben für den Betrachter darstellen.

Munch schuf zwischen 1892 und 1910 vier verschiedene Fassungen des Bildes in unterschiedlichen Maltechniken (auch farbig). Der Bildaufbau war jedoch stets derselbe. Sie zeigen im Zentrum frontal eine Person mit weit aufgerissenem Mund und Händen, die über die Ohren gepresst werden, sowie „leeren" Augen. Die Person steht auf einer vom Vordergrund nach hinten links führenden Brücke, auf der weiter hinten zwei männliche Gestalten zu sehen sind. Im mittleren Hintergrund erkennt man schemenhaft einige Schiffe. Den Haupteindruck erzeugen neben dem Schreienden die wild bewegten Formen und Farben von Wasser und Himmel. Munch stellt die Situation auf einer Brücke an einem norwegischen Fjord dar.

Allen Versionen des Werkes ‚Der Schrei' ist vor allem aber die Stimmung gemeinsam, die sie dem Betrachter übermitteln: existenzbedrohliche Verzweiflung und Hoffnungslosigkeit. In den Werken verarbeitet Munch seine Gefühle von Trauer, Angst, Hoffnungslosigkeit und Verzweiflung.

‚Der Schrei' von Edvard Munch, 1893

Lerntheke

# Station 2: Spruchpuzzle zum Nachdenken

„Du wirst darüber schon hinwegkommen!"

Trösten bedeutet einfühlen, da sein, miterleben.

Warum nimmt mich keiner in den Arm, um mich mit seiner Nähe zu trösten?

Trost im religiösen Sinn meint: das Grundvertrauen in Gott wiederzufinden, hoffen, dass letztlich alles gut wird.

Schweigen und tröstendes Reden haben ihre je eigene Zeit.

Trösten meint nicht ‚verdrängen', sondern Bedrückendes mit dem anderen aushalten.

Geht der Trost zu weit, ist er schlimmer als das Leid.
(Sprichwort)

Trost kannst du selbst mit der besten Trosttechnik nicht machen.

Trost läuft jenseits dessen ab, was mit dem Verstand begreifbar ist.

**1.** *Schneiden Sie die Sätze aus und bringen Sie sie in eine für Sie sinnvolle Reihenfolge.*

**2.** *Kleben Sie diese dann in Ihr Heft und begründen Sie schriftlich, warum Sie diese Reihenfolge gewählt haben.*

**oder**

*Schreiben Sie einen fortlaufenden Text und fügen Sie die Textschnipsel an der passenden Stelle in den Text ein.*

Lerntheke

# Station 3: ‚Von guten Mächten wunderbar geborgen' – Worte des Trostes in einer trostlosen Zeit

*Die Schöpfungserzählung Genesis 1,1ff. ist eigentlich ein Schöpfungsgedicht, denn es ist strophig angelegt, und bestimmte Formulierungen wiederholen sich fast refrainartig und regelmäßig. Das Gedicht hat den Juden im Babylonischen Exil Trost gegeben.*
*Auch heute finden Menschen Trost und Zuversicht in Gedichten. Ein sehr bekanntes Beispiel finden Sie hier. Der Text bzw. das Lied wird oft bei Trauerfeiern gesungen und viele Menschen empfinden hierbei Trost. Er wurde von Dietrich Bonhoeffer verfasst.*

1. Von guten Mächten treu und still umgeben,
behütet und getröstet wunderbar,
so will ich diese Tage mit euch leben
und mit euch gehen in ein neues Jahr.

2. Noch will das alte unsre Herzen quälen,
noch drückt uns böser Tage schwere Last.
Ach Herr, gib unsern aufgescheuchten Seelen
das Heil, für das du uns bereitet hast.

3. Und reichst du uns den schweren Kelch, den bittern
des Leids, gefüllt bis an den höchsten Rand,
so nehmen wir ihn dankbar ohne Zittern
aus deiner guten und geliebten Hand.

4. Doch willst du uns noch einmal Freude schenken
an dieser Welt und ihrer Sonne Glanz,
dann woll'n wir des Vergangenen gedenken,
und dann gehört dir unser Leben ganz.

5. Lass warm und hell die Kerzen heute flammen,
die du in unsre Dunkelheit gebracht,
führ, wenn es sein kann, wieder uns zusammen.
Wir wissen es, dein Licht scheint in der Nacht.

6. Wenn sich die Stille nun tief um uns breitet,
so lass uns hören jenen vollen Klang
der Welt, die unsichtbar sich um uns weitet,
all deiner Kinder hohen Lobgesang.

7. Von guten Mächten wunderbar geborgen,
erwarten wir getrost, was kommen mag.
Gott ist mit uns am Abend und am Morgen
und ganz gewiss an jedem neuen Tag.

**Von guten Mächten**
Dietrich Bonhoeffer


**1.** *Lesen Sie das Gedicht aufmerksam und unterstreichen Sie im Text mit*
*Grün: Aussagen, die Sie als tröstlich empfinden,*
*Rot: Aussagen, die Sie nicht richtig verstehen, nicht einordnen können.*

**2.** *Informieren Sie sich dann mithilfe des zweiten Arbeitsblattes über den Entstehungshintergrund des Textes.*
*Halten Sie fest, welche Zeilen durch die Informationen eine besondere Bedeutung bekommen und überprüfen Sie, ob sich auch einige Ihrer Fragen klären lassen.*

**3.** *Belügen Eltern ihr Kind, wenn sie ihm sagen: ‚Alles wird gut!', obwohl die Welt so schlecht ist? Über diese Frage haben Sie sich zu Beginn der Reihe Gedanken gemacht. Schauen Sie noch einmal nach, wie Sie die Frage beantwortet hatten.*
*Wie würde Bonhoeffer die Frage beantworten? Schreiben Sie aus seiner Perspektive eine Antwort auf diese Frage.*

**4.** *Anregungen für zu Hause oder – falls ein Rechner zur Verfügung steht – für den Unterricht: Es gibt verschiedene Vertonungen des Gedichts. Eine neuere entstand 2009 durch die Soulband Glashaus. Sie können sie sich im Internet unter http://www.youtube.com [31.03.2014] anhören und ansehen.*

Lerntheke

# Station 3: ‚Von guten Mächten wunderbar geborgen' – Worte des Trostes in einer trostlosen Zeit

Das Gedicht „Von guten Mächten wunderbar geborgen" wurde von dem evangelischen Pfarrer und Theologen Dietrich Bonhoeffer (* 4. Februar 1906) geschrieben.

Im Februar 1933, wenige Tage nach der Machtübernahme der Nationalsozialisten, hielt Bonhoeffer im Radio einen Vortrag über den ‚Führer-Begriff'. Die Übertragung wurde von der Sendeleitung abgebrochen. Dietrich Bonhoeffer engagierte sich im Widerstand gegen die nationalsozialistische Bewegung. Er nahm ab April 1933 öffentlich Stellung gegen die Judenverfolgung. 1940 erhielt er Redeverbot und 1941 Schreibverbot.
Am 5. April 1943 wurde er verhaftet.
Das Gedicht „Von guten Mächten wunderbar geborgen ..." verfasste D. Bonhoeffer am 19. Dezember 1944 während seiner Gefangenschaft. Das Gedicht war ein Weihnachts- und Neujahrsgruß, der seiner Verlobten Maria von Wedemeyer, seinen Eltern sowie seinen Geschwistern Mut machen und sie trösten sollte. Bonhoeffer war sich in dieser Zeit bewusst, dass er das Gefängnis vielleicht nicht mehr lebend verlassen würde.
Im Februar 1945 wurde Bonhoeffer von Berlin ins KZ-Buchenwald gebracht, dann nach Flossenbürg, wo er am 8. April 1945 auf persönlichen Befehl von Adolf Hitler als einer der letzten NS-Gegner, die mit einem Attentat auf den „Führer" in Verbindung gebracht wurden, hingerichtet wurde.
Dietrich Bonhoeffers Lied „Von guten Mächten" ist vermutlich das bekannteste geistliche Lied des 20. Jahrhunderts.

Dietrich Bonhoeffer im Hof des Wehrmachtsuntersuchungsgefängnisses Berlin-Tegel im Sommer 1944

Lerntheke

# Station 4: Udo Mathee. Light/Leid

Auch Künstler beschäftigen sich mit dem Thema Trostlosigkeit und Trost. Hier sehen Sie eine Glasmalerei des Künstlers Udo Mathee. Eine farbige Abbildung vom Kunstwerk erhalten Sie am Pult.

1. *Beschreiben Sie das Kunstwerk in Stichworten und halten Sie Ihre Gedanken zur Interpretation fest.*
2. *Lesen Sie die Kontextinfos zum Leben und Werk von Udo Mathee und überlegen Sie, welche Erfahrungen den Künstler zu dem Werk angeregt haben könnten.*
3. *Benutzen Sie eine Digitalkamera oder Ihr Handy und halten Sie mögliche Motive fest (ein oder zwei Bilder), die Ihrer Meinung nach den Gegensatz von Leid und Light ausdrücken.*
4. *Drucken Sie das oder die Fotos aus, kleben Sie sie in Ihr Heft und erläutern Sie Ihre Gedanken zur Motivauswahl.*

Falls Sie diese Station zu Hause bearbeiten, können Sie sich das Bild im Internet ansehen unter http://www.udomathee.de/Kunst-Auflagen%20Leid%20light.html [31.03.2014].

**Das Kunstwerk und seine Entstehung**
Die Scheibe ist in Blei gefasst und hat eine Größe von 45 x 45 x 1 cm. Erst das durchfallende ‚Licht' lässt das Werk als Glasmalerei richtig zur Geltung kommen. Das Werk entstand 1999 für eine Weihnachtsausstellung und bezieht sich auf den Anfang des Johannesevangeliums (Joh 1,5): „Und das Licht leuchtet in der Finsternis und die Finsternis hat es nicht erfasst."

**Zum Künstler**
Udo Mathee wurde 1951 in Marl geboren und arbeitete erst als Ingenieur. Er lebt und arbeitet heute in Coesfeld. Seit 1995 ist er freischaffender Künstler und Journalist. In seinen Arbeiten fragt er nach grundsätzlichen Erfahrungen, die Menschen machen und wie sie ihr Leben verstehen. In vielen seiner Werke spielt er mit Worten, die er ‚durchleuchtet'. Der Künstler hat selbst schon tiefe Krisenzeiten durchschritten und durch diese für sich neue Wege gefunden.

Lerntheke

# Station 5: Nina Ruge. „Alles wird gut!"

Die Fernsehmoderatorin Nina Ruge hat ihre Sendung „Leute heute" täglich mit folgendem Spruch beendet:

**„Alles wird gut."**

Viele Zuschauer haben auf diese Aussage reagiert und ihr Briefe und E-Mails geschrieben.

**1.** *Versetzen Sie sich in die Lage eines Zuschauers und schreiben Sie aus Ihrer Sicht eine E-Mail zu diesem Spruch.*

***oder***

*Schreiben Sie der Moderatorin, wie Sie über ihren Spruch denken.*

______________________________________________

______________________________________________

______________________________________________

______________________________________________

______________________________________________

______________________________________________

______________________________________________

**2.** *Lesen Sie nun die zweite Seite dieser Station.*
*Hier berichtet Nina Ruge auf ihrer Homepage über Reaktionen der Zuschauer und erklärt, warum der Spruch ihr Lebensmotto ist.*

**3.** *Notieren Sie mit eigenen Worten, was sich Nina Ruge bei diesem Lebensmotto gedacht hat.*

**4.** *Ist der Spruch für Sie Trost oder Vertröstung? Formulieren Sie Ihre Gedanken dazu.*
*Tipp: Schauen Sie evtl. noch einmal in den Text von Peter L. Berger („Alles ist gut!" – Belügen die Eltern ihr Kind? AB 4).*

**Zusatzinfo:** Von 1997 bis 2007 moderierte Nina Ruge zehn Jahre lang sehr erfolgreich das tägliche ZDF-Unterhaltungsjournal „Leute heute". Seitdem arbeitet sie für ARD und ZDF. Nina Ruge hat bislang 16 Bücher herausgegeben. 2001 erschien die Zitatensammlung „Alles wird gut. Worte, die die Seele streicheln", 2003 folgte der Titel „Mein persönliches Alles-wird-gut-Buch".

# Lerntheke Station 5: Nina Ruge. „Alles wird gut!"

„Schau dich doch um auf dieser schlechten Welt. Wo, bitteschön, wird denn da irgendetwas gut? Sei doch ehrlich. Hin und wieder hast du mal einen lichten Moment. Der baumelt dann verloren in einer schier unendlichen Reihe pechschwarzer Stunden. Die wichtigste Lektion des Lebens ist doch zu kapieren: „ Das Paradies ist immer da, wo man nicht ist." DAS ist doch mal ein wahrer Spruch, einer, der auf alle Lebenslagen passt. Augen zu und durch, das ist die Quintessenz unserer Existenz. Nie und nimmer ein ALLES WIRD GUT. Mein Gott, wie lächerlich! Ja, schauen Sie sich doch um auf Gottes Erden, da gehen uns doch die Stichworte des Grauens schon so locker über die Lippen wie unsere liebste Zahnpasta-Marke. AIDS. Artensterben. Mafia. Überbevölkerung. Klimakatastrophe-, Krebs-, Drogenproblem. Und dazu dann ALLES WIRD GUT---: Kriminell ist das, bestraft gehört das!

Und doch: Ich (*d. i. Nina Ruge*) laufe immer noch frei rum. Als ich mich dazu entschloss, die ZDF-Sendung Leute Heute allabendlich mit ALLES WIRD GUT zu beschließen, hätte ich mir niemals, niemals träumen lassen, dass diese drei Worte eine so starke Wirkung entfalten könnten. ALLES WIRD GUT geistert durch Feuilletons und Gazetten (da rümpft man natürlich die Nase), ALLES WIRD GUT wird mir in Zuschauerbriefen und Fernsehkritiken um die Ohren gehauen. Und doch: ALLES WIRD GUT ruft der Arbeiter vom Baugerüst herunter, ALLES WIRD GUT höre ich an der Kasse im Supermarkt, die Telefonistin im Call-Center säuselt ALLES WIRD GUT, wenn ich mich melde, und die Stewardess sagt es über den Bord-Lautsprecher. Schulterklopfend, kichernd, grölend, schüchtern bis scheu: ALLES WIRD GUT spiegelt sich immer in glänzenden Augen. Nie in Moll, immer in Dur.

Ziemlich häufig soll ich erklären, was ich denn nun damit meine. Klar tu ich das. Gerne. Natürlich habe ich mir dabei was gedacht. […] Wenn ich also mein ALLES WIRD GUT erklären soll, dann mache ich es meistens ordentlich kompliziert: „Alles hat seinen Sinn", das sei vielleicht die große Schwester dieser drei Worte, doziere ich dann. Wenn ich schlechte wie gute Zeiten richtig lebe, nämlich intensiv – wenn ich die Botschaft suche, die mir da das Leben bereit hält, verschlüsselt in allem, was mir begegnet – das heißt: Wenn ich annehme, was das Schicksal mir serviert – wenn ich Niederlagen akzeptiere und mich bemühe daraus zu lernen – wenn ich für Höhenflüge dankbar bin und weiß: die nächste harte Landung kommt bestimmt … wenn ich erkenne, dass jede Lebenswendung mich irgendwo hinführen will und ich schlichtweg wahrnehmen lernen muss, welche Lektion ich gerade absolviere: Dann spüre ich ALLES WIRD GUT. Okay. Als ich letztens einmal wieder diese schöne, gedrechselte Erklärung von mir gab, unterbrach mich ein weiblicher Leute-Heute-Fan ganz freundlich: „Also, ich finde, Sie drücken damit eine starke Hoffnung aus."
Genau, dachte ich. Die Hoffnung stirbt immer zuletzt. […]
Gute Sprüche sind geronnene Lebenserfahrung. Ein magischer Spruch im richtigen Moment verändert nicht das Leben – aber macht seine tiefsten Facetten bewusst: Glaube, Liebe, Hoffnung. ALLES WIRD GUT – eine tiefe, warme positive Grund-Annahme, die aus drei Worten besteht.

http://nina-ruge.de [10.10.2013]

Lerntheke

# Station 6: Das Babylonische Exil – ein Segen für das Judentum?

*Der Autor des Textes, Jörg Zink, ist evangelischer Theologe sowie Publizist und einer der bekanntesten Sprecher der Friedens- und Ökologiebewegung. Er arbeitete viele Jahre für das Fernsehen und den Rundfunk.*

**Das Besondere der Bibel: Gott spricht – und es entsteht eine Welt.**
Von der biblischen Zentralaussage über die Schöpfung der Welt spricht die Schöpfungsgeschichte, die wir in Genesis 1 lesen, das „Sechstagewerk".

Gott brütet nicht. Gott kämpft nicht. Er macht nicht. Es ist genug, dass er spricht, und es geschieht. Gott spricht, und es entstehen alle die Räume, die Gesetze und Ordnungen, die Dinge und lebendigen Wesen, die die Welt ausmachen. Diese Vorstellung hat ihren geschichtlichen Ort im 6. und 5. Jahrhundert vor Christus, in der Zeit der tiefsten Erniedrigung des ‚Judentums, nach der Zerstörung Jerusalems durch die Babylonier und in der fünfzigjährigen Gefangenschaft in Babylon. Ihr Sinn war, den geschlagenen und verzweifelten Menschen zu zeigen, wer der Gott sei, auf den Mose dieses Volk verpflichtet habe, und ihn neu und anders zu zeigen. Nämlich so:
*Er ist der Einzige, der einzig wirkliche Gott. Ihm gehört ihr! Er hat noch eine Zukunft für euch!* Die Schöpfungsgeschichte ist das erste wirklich monotheistische[1] Dokument der Weltliteratur. Sie ist grundlegend für die monotheistischen Religionen der Erde.

Die Gefangenschaft in Babylon war die große Stunde in der Geschichte Israels. Es ist kaum zu glauben: Da endet ein Volk in einer alle Hoffnung zerstörenden Katastrophe. Und dann stehen einige auf und sagen: Dies ist kein Ende. Wir verlassen uns auf eine größere Macht als die Macht Babylons. Diese Sklaverei[2] ist eine Zeit des Nachdenkens, sich Erinnerns, sich Prüfens, sich Änderns, eine Zeit der Einübung in das Trotzdem von Vertrauen und Gelassenheit.
Eine Zeit zu einem neuen Anfang mit Gott und zu einem neuen Anfang der eigenen Geschichte. Aus diesem halben Jahrhundert der Gefangenschaft ging das Judentum eigentlich erst richtig hervor, lebensfähig für Jahrtausende in seiner unerklärlichen geistigen und religiösen Kraft.
In diesem so wichtigen 6. Jahrhundert vor Christus ereignete sich der entscheidende religiöse Durchbruch im Denken Israels. Im Grunde waren die sechs Jahrhunderte zwischen Mose und der Zerstörung Jerusalems eine Zeit der Vorbereitung gewesen. Im Grunde war Gott für Israel bis zu diesem Zeitpunkt noch immer Lokalgott[3], Stammesgott[4], ein Gott neben anderen Göttern gewesen. Der Durchbruch zur Erkenntnis des einen universalen[5] Gottes geschah im 6. Jahrhundert. Es war einer der großen Grenzübergänge der Weltgeschichte [...][6].

**Aber was war der Sinn dieser neuen Gedanken, die wir in der Schöpfungsgeschichte lesen?**
Ganz sicher war ihre motivierende Kraft nicht die sachliche, naturwissenschaftliche Wissbegier heutiger Forscher. Sondern: Es war die Not, die sie trieb, die hoffnungslosen, bedrohten Menschen einer Zeit, in der alles aus den Fugen ging. Sie riefen, nein, sie schrien nach einer Erklärung, warum dies alles über sie gekommen sei, nach einer Erklärung, wer denn der sei, den sie Gott nannten, der ihr Schicksal bestimmt hatte, und nach einem Halt, an dem sie irgendeine Hoffnung festmachen konnten. Die Schöpfungsgeschichte hatte den Sinn, ihnen zu zeigen, wie die Machtverhältnisse in dieser Welt angelegt seien. Dass keineswegs die Götter der Babylonier (Mondgott, Sonnengott, Gewässergott ...) es waren, die ihr Schicksal bestimmten, sondern jener Eine, der auch die Macht Babylons in seiner Hand hatte und sie beenden konnte, wann er wollte. Der also auch ihrem versklavten Volk wieder einen Weg nach Hause und einen neuen Anfang freigeben konnte. [...]

1 Glaube an einen einzigen Gott. Die Babylonier dagegen waren Polytheisten. Sie glaubten an die Existenz vieler Götter.
2 Es war keine echte Sklaverei, denn die Juden durften recht frei leben.
3 Numen locale – Lokalgott d. h. ein Gott, der an einen bestimmten Ort (Baum, Stein, Berg) örtlich gebunden ist.
4 Gott, der nur für eine bestimmte Gruppe von Menschen zuständig ist.
5 Gott, der für die gesamte Welt, Menschheit zuständig ist
6 Heute sind sich die Forscher einig darüber, dass sich – bedingt durch die Krise im Babylonischen Exil – das Judentum erst richtig herausgebildet hat und den Israeliten durch die tiefgreifende Reform ihres Glaubens die Rettung ihrer Identität gelang. Zu den bedeutendsten Reformen zählen: das Ende der Lokalisierung des JHWH-Kultes auf dem Tempelberg Zion in Jerusalem, der Entwicklungsanstoß hin zum Monotheismus, die Sicherung des Glaubens durch bestimmte Rituale (Sabbat – statt Erstlingsopfer, Beschneidung, Speisegesetze), und der Beginn des Judentums als Buchreligion (Entstehung der Thora).

Aus: J. Zink, Schöpfungsglaube. Alles ist gut, denn in allem ist Gott. Stuttgart 2006, 51–58. Text gekürzt und an einzelnen Stellen zur besseren Verständlichkeit sprachlich überarbeitet.

Word-Cloud zum Text von J. Zink: Gott spricht – und es entsteht eine Welt

1. *Lesen Sie den Text von Jörg Zink und erarbeiten Sie sich mithilfe der Word-Cloud die zentralen Gedanken.*

2. *Das Babylonische Exil – ein Segen für das Judentum?*
   *Nehmen Sie Stellung zu der Frage. Hilfen zur Bearbeitung finden Sie, indem Sie …*
   *a) die Textinformationen auswerten,*
   *b) sich den Enûma-elîsch-Schöpfungsmythos der Babylonier noch einmal anschauen,*
   *c) die Situation der Juden im Exil (s. Infos Gruppenpuzzle, AB 12) in Erinnerung rufen.*

3. *„Krisen sind auch eine Chance!"*
   *Diesen Ausspruch hört man manchmal als Trostzuspruch in Krisensituationen des Lebens. Was denken Sie darüber?*

Lerntheke

# Station 7: Der Mensch als Abbild Gottes – sieht Gott so aus wie wir?

*In der Schöpfungserzählung hat der Mensch eine Sonderrolle. Als einziges Lebewesen erhält er von Gott die Fähigkeit, Verantwortung zu übernehmen. Die Erzähler von Genesis 1,1–2,4a fassen dies mit ihrer Aussage von der Gottebenbildlichkeit des Menschen zusammen.*

**Der Mensch als Abbild Gottes – sieht Gott so aus wie wir?**

Die Aussage von der Gottebenbildlichkeit des Menschen meint nicht, dass der Mensch so aussieht wie Gott. Sondern: ‚Abbild sein' ist eine ‚*Funktionsaussage*'. Gemeint ist eine Aussage über die Aufgabe, die Funktion des Menschen. Sie sagt etwas aus über die Beziehung des Menschen zu anderen Lebewesen. Dieser wichtige Unterschied zeigt sich schon in der Übersetzung, denn die Menschen sind nicht *nach dem Bild Gottes*, sondern *als Bild Gottes* geschaffen (Gen 1,26).

Das hebräische Wortes für „Bild" sagt aus, dass die Menschen wie eine Art lebendiges Götterbild oder lebendige Götterstatue in der Welt wirken. Nach der Vorstellung des Alten Orients und des Alten Ägypten verkörpert ein Götterbild die abgebildete Gottheit. Es ist sozusagen der Ort, von dem aus die Gottheit wirkt. Also ist der Mensch als Abbild Gottes der Ort, von dem aus sich zeigt, wie Gott ist. Die Menschen sollen als lebendige „Abbilder" des Schöpfergottes die göttliche Lebenskraft auf der Erde zeigen.
Ein zweiter Aspekt der Redeweise vom Menschen als Gottesbild wird deutlich, wenn man die ägyptische und mesopotamische Kultur, also die Kultur in Babylon kennt. Hier war es die Pflicht des Königs in seinem Handeln ein Abbild des Schöpfergottes zu sein. Das hieß: Er hatte die Menschen gegen äußere und innere Feinde zu schützen sowie gerade den Schwachen zu ihrem Recht zu verhelfen. Während in der ägyptischen Tradition *nur der König* „Bild Gottes" war, kommen in der biblischen Schöpfungserzählung diese Würde und diese Aufgabe *allen* Menschen zu – ohne Unterschied. Die Vorstellung wird hier sozusagen „demokratisiert". *Jeder Mensch* darf nach Genesis 1,1–2,4a mit den Titel ‚Abbild Gottes' bezeichnet zu werden und hat auch den Auftrag, die Funktion ‚Abbild Gottes' zu sein.

**Der Mensch soll über die Erde herrschen – ist das die Erlaubnis, die Erde zu zerstören?**

„Als Abbild Gottes werden Mann und Frau geschaffen und beauftragt, über die Erde zu herrschen. Die neuere Bibelforschung hat gezeigt, dass hier nicht ein Herrschen im Sinne von Ausbeuten, Unterdrücken, sondern ein fürsorgliches ‚Hirte-Sein' gemeint ist. In der altorientalischen Bildsymbolik wird der Herrscher eines Landes häufig als ‚Herr der Tiere'/ Hirte dargestellt, der seine Herde und sein Land fürsorglich leitet und die für sie gefährlichen Chaostiere in ihre Schranken weist." (B. Eltrop: Wie wörtlich die Bibel lesen? Vom gerechten Umgang mit der Schrift anhand des Beispiels Gen 1,1–2,3 © Katholisches Bibelwerk e.V.) Das Wort ‚herrschen' heißt wörtlich übersetzt: ‚seinen Fuß auf etwas setzen'. Wer als Hirte seinen Fuß auf sein Schaf setzte, der schützte es vor dem Wolf (s. Abb.). So ist der „Herrschaftsauftrag" keine Erlaubnis zur Ausbeutung der Natur, sondern im Gegenteil ein „Hüteauftrag". Und jeder Mensch ist als Abbild Gottes ein Repräsentant Gottes und soll alles Leben schützen.
Diese hohe Stellung des Menschen in Gen 1,1–2,4a geht weit über die Aufgabe hinaus, die dem Menschen im babylonischen Schöpfungsmythos zugeschrieben wird: Er soll Götterdiener sein.

I. Alkemeier

■ *Geben Sie mit eigenen Worten wieder, was gemeint ist, wenn gesagt wird: „Der Mensch als Abbild Gottes soll über die Erde herrschen."*

Lerntheke

# Station 8: Krisensitzung in Babylon

1. *Lesen Sie die Einleitung und die beiden Hörszenen mit verteilten Rollen (Bitte so lesen, dass die anderen nicht gestört werden).*

2. *Danach erhält Schüler A den Fragenkatalog A. Er liest den gesamten Text noch einmal und beantwortet die Fragen stichwortartig. So kann er nachher kontrollieren, ob Partner B richtig geantwortet hat.*
   *Schüler B erhält einen anderen Fragenkatalog B. Auch er liest den Text noch einmal und macht sich Notizen.*

3. *Fragen Sie sich dann wechselseitig ab (A-B-A-B). Woran können Sie sich noch erinnern? Kontrollieren Sie, ob die Antworten richtig sind und korrigieren Sie, ergänzen Sie ggf. beantworten Sie alle Fragen schriftlich.*

*An einer Reihe von Merkmalen (strophischer Aufbau, refrainartige Wiederholungen) lässt sich erkennen, dass es sich bei der Schöpfungserzählung eigentlich um ein* ***Schöpfungsgedicht*** *handelt, in dem der Schöpfergott und seine Werke gelobt werden. Deshalb spricht man auch von einem Schöpfungshymnus, denn ein Hymnus ist ein feierlicher Text.*
*Die wissenschaftliche Bibelforschung geht davon aus, dass die Autoren jüdische Religionsgelehrte, ‚Priester' waren. Daher spricht man auch vom* ***priesterschriftlichen Schöpfungshymnus*** *oder der* ***priesterschriftlichen Schöpfungserzählung****.*
*Den Begriff ‚Schöpfungs****bericht****' sollte man nicht verwenden, denn das klingt nach einem Tatsachenbericht und man nimmt dann an, dass alles genauso stattgefunden hat. Es handelt sich aber gerade nicht um einen naturwissenschaftlichen Bericht, sondern um ein* ***Glaubensbekenntnis****. Das wird in den folgenden Szenen deutlich, die erfunden sind, aber so ähnlich stattgefunden haben könnten.*

## Szene 1: Ort: Hauptstadt Babylon um 550 v. Chr.

**Personen:** Joschua: jüdischer ‚Priester', Hannah: Jüdin, in Jerusalem aufgewachsen

HANNAH: Schalom, Joschua. Gehst du auch zum Markt?

JOSCHUA: Schalom, Hannah. Ja, ich begleite dich ein Stück. Jetzt, wo wir fast 25 Jahre hier in Babylon leben, kennen wir ja wirklich jede Ecke.

HANNAH: Ja, so lange dauert nun schon unsere Verbannung. Weißt du, Joschua, in meinen Träumen sehe ich immer noch den grellen Schein der brennenden Stadt Jerusalem und höre die Schreie der Sterbenden.

JOSCHUA: Es geht mir nicht anders, Matthias. Ich muss oft an die Deportation und den schrecklichen Marsch in die Verbannung denken, als wir über Wochen und Monate, halb verdurstet, durch die Wüste nach Babylon unterwegs waren.

HANNAH: Welch ein Glück, dass die Babylonier uns leben ließen und gar nicht so grausam waren, wie wir befürchtet hatten. Und heute geht es uns ganz gut, viele von uns haben sogar schon kleine Häuser. Und welch ein Glück, dass die Babylonier uns erlauben, Ackerbau und Handel zu treiben und als Handwerker tätig zu sein.

JOSCHUA: Ja, es geht uns ganz gut – doch so richtig glücklich ist wohl kaum einer hier in der Fremde, fern von unserer Heimat. In dieser riesigen Stadt Babylon sind wir ein kleiner armseliger Haufen an Menschen.

HANNAH: Und dann sieht man diese vielen Tempel und Paläste! Schau, Joschua, hier in der Mitte der Stadt! Da ist das Ischtartor, und drüben glänzt der riesige Stufenturm des Himmelsgottes in der Sonne. Also, so eine Pracht gibt es in der ganzen Welt nicht mehr. Welch großartiges Schauspiel an den großen Festen und Wallfahrtstagen, wenn die Pilgermassen herbeiströmen. Und diese Götterbilder! Und wir dürfen uns nicht einmal ein Bild von unserm Gott machen. Da fällt das Glauben schwer.

JOSCHUA: Ja, Hannah, ich kann das gut verstehen. Uns fehlt hier in der Fremde unser Tempel. Und ohne Tempel gibt es keine Feste zur Verehrung unseres Gottes. Am schlimmsten aber ist: Vielen Israeliten gefallen diese babylonischen Bräuche. Die einen gehen aus Neugierde zu den Festen, die anderen halten schon lange nichts mehr vom jüdischen Glauben.

HANNAH: Das ist zum Verzweifeln. Hast du gehört: Jona, der doch immer in die Synagoge kam, verheiratet seine Tochter nun mit einem babylonischen Kaufmann. Ob die Kinder dann noch an unseren Gott glauben? Könnt ihr Priester nicht mehr gegen diesen Zerfall des Glaubens tun? Die Menschen brauchen Trost.

JOSCHUA: Das ist gar nicht so einfach. Wir haben schon viel darüber nachgedacht. Einen Tempel und große Prozessionen können wir euch nicht geben. Doch ich will bald wieder mit den anderen Priestern zusammenkommen und mit ihnen beraten, was zu tun ist.

HANNAH: Da bin ich wirklich gespannt. Aber jetzt muss ich mich beeilen. Schalom, Joschua!

## Szene 2: Ort: Versammlungsraum (Synagoge) der Juden in Babylon

**Personen:** vier jüdische Priester: Elija, Aaron, Tobit und Joshua

TOBIT: Wir sind heute zusammengekommen, um zu überlegen, wie wir unserem kleinen Volk Trost und Hilfe bringen können. Viele sind von Glaubenszweifeln bedrängt, einige meinen schon, unser Gott sei doch nicht so stark und es sei besser, Marduk, den höchsten Gott der Babylonier, zu verehren. Wir müssen den Glauben und das Vertrauen unseres Volkes an unseren Gott erneuern und stärken.

ELIJA: Ja, Tobit, wir müssen es unserem Volk wieder deutlich sagen, dass unser Gott der einzige, alles umfassende Gott ist. Wir müssen ihnen klarmachen, dass die Götter der Babylonier, Marduk, die Gestirngötter und die Chaosgötter (Meer, Nacht und Wellen), nur Geschöpfe des einen Schöpfergottes sind.

JOSCHUA: Ich glaube, wir müssen unserem Volk, das ohne Tempel hier in der Fremde leben muss, etwas geben, das es von den Babyloniern unterscheidet. Wir müssen z. B. dem Sabbat mehr Bedeutung verschaffen, er muss geheiligt und eingehalten werden. Wenn wir am Sabbat alle nicht arbeiten, dann ist das ein Zeichen unserer Zusammengehörigkeit.

TOBIT: Ich glaube es ist notwendig, dass wir die Schriften unserer Väter sammeln, ordnen und neu fassen. Wir müssen die Überlieferungen aufschreiben, damit sie nicht verlorengehen. Dann können wir mit den Geschichten unserer Väter vor die Gemeinde treten und gegen den Unglauben vorgehen. Wir wollen den Glauben an unseren Gott stärken. Ich hoffe, dass gerade du Elija, als Ältester und Erfahrenster, uns eine wichtige Hilfe sein wirst. Du kannst doch am besten von den Geschichten unserer Väter erzählen.

ELIJA: Ich will mein Bestes tun, Tobit. Ich wüsste auch schon, wie wir beginnen könnten. Ich habe in den alten Schriftrollen gelesen aus der Zeit der Könige, und zwar über unseren Gott JHWH, der die Welt und die Menschen erschaffen hat.

AARON: In der Schöpfungserzählung der Babylonier ist aber von mehreren Göttern die Rede und die Menschen entstanden aus einem Streit der Götter und aus ihrem Blut.

TOBIT: Ja, genau! Gerade weil alle diese Geschichte der Babylonier kennen, sollten wir eine andere schreiben, eine Kontrasterzählung, in der wir unseren Glauben an Gott bekennen. So musste unser Gott nicht kämpfen, um uns zu erschaffen, er erschuf alles allein durch die Kraft seines Wortes.

ELIJA: Und wir glauben nur an einen Gott. Wir sollten in der Erzählung von der Schöpfung der Welt deutlich machen, dass es nicht viele Götter gibt, sondern dass Gott alles erschaffen hat. Es gibt nur einen Schöpfer und Sonne, Mond und Gestirne sind nur Geschöpfe.

AARON: Und wir sind keine Diener der Götter, sondern Gott hat uns die Verantwortung über die ganze Erde übertragen. Wir sollen sie schützen.

JOSCHUA: Ja, es gibt so viele Unterschiede zum Glauben der Babylonier. Das muss in der Erzählung deutlich werden.

ELIJA: Und die Bedeutung des Sabbats sollte betont werden. Der Sabbat muss von uns gehalten werden – gerade hier im fremden Land. Wenn wir schon keinen Tempel haben, so kann uns Gott doch in der Ruhe des Sabbats begegnen. An diesem Tag sollten sich alle Juden hier treffen und aus den Schriften hören.

TOBIT: Das sind viele gute Ideen und mehr als ich von unserem ersten Gespräch erwartet hatte. Mir scheint eine Neufassung der Schöpfungsgeschichte geeignet zu sein, um unseren Leuten Mut zu machen und ihr Grundvertrauen in Gott zu stärken.

AARON: Das ändert zwar an der Situation des Exils nichts, aber die neue Sicht auf die Wirklichkeit und das neugewonnene Vertrauen sind ist doch die beste Voraussetzung dafür, dass echter Trost gelingen kann.

■ *Schneiden Sie das Blatt bitte an der gestrichelten Linie durch.*
*Jeder erhält einen Teil des Blatts. Suchen Sie die richtigen Antworten aus dem Text heraus und notieren Sie in Stichworten auf dem Zettel. Wenn beide fertig sind, beginnt A mit der ersten Frage – B antwortet – A korrigiert, ergänzt ggf. die Antwort. Dann stellt B eine Frage an A usw. …*

| **Fragender A** | **Raum für Stichworte zur richtigen Beantwortung der Fragen (zur Kontrolle der Antworten, die Person B gleich geben soll)** |
|---|---|
| Beschreibe, wie das Leben der Juden in der Verbannung aussieht. | |
| Erkläre, was die ‚Priester' mit dem Schöpfungstext, der geschrieben werden soll, erreichen möchten. | |
| Gib eine Begründung dafür, dass die Bezeichnung Schöpfungsbericht irreführend ist. | |
| Erkläre, was in dem priesterschriftlichen Schöpfungstext deutlich werden soll. | |
| Benenne zwei Stellen aus dem priesterschriftlichen Schöpfungstext (Genesis 1 – 2,4a), an denen die Abgrenzung der jüdischen Priester zum babylonischen Glauben deutlich wird. | |

■ *Jeder erhält einen Teil des Blatts. Die Fragen sind unterschiedlich für die Fragenden.*
*Suchen Sie die richtigen Antworten aus dem Text heraus und notieren Sie diese in Stichworten auf dem Zettel. Wenn beide fertig sind, beginnt A mit der ersten Frage – B antwortet – A korrigiert, ergänzt ggf. die Antwort. Dann stellt B eine Frage an A usw.*

| **Fragender B:** | **Raum für Stichworte zur richtigen Beantwortung der Fragen (zur Kontrolle der Antworten, die Person A gleich geben soll)** |
|---|---|
| Man soll nicht vom Schöpfungs**bericht** sprechen. Welche Begriffe sind als Bezeichnung besser (3!)? Begründe deine Antwort! | |
| Zähle die ‚Dinge' auf, die nach babylonischem Glauben ‚Götter' waren. | |
| Beschreibe, welche Funktion die Schöpfungserzählung im Hinblick auf den Sabbat haben soll. | |
| Erkläre, welche Gefahren der Priester Joschua für sein Volk in der Fremde sieht. | |
| Benenne, was den Juden im religiösen Bereich in Babylon besonders fehlt. | |
| Die Schöpfungserzählung wirkt durch die Wiederholungen sehr geordnet, strukturiert. Überlege, warum das hilfreich für die Juden war. | Denke selbst nach – die Antwort steht nicht im Text! |

# Lerntheke Station 9: Schöpfungserzählung in Form von Icons

Die Künstlerin Juli Gudehus hat die Schöpfungserzählung (Gen 1,1–2,4a) in Icons dargestellt. Einige der Icons finden Sie hier auf dem Arbeitsblatt, sie sind zudem durcheinander.

1. *Versuchen Sie erst ohne Blick in den Text der Schöpfungserzählung, die Icons zu ‚übersetzen'.*
2. *Lesen Sie dann die Schöpfungserzählung noch einmal und schreiben Sie die passenden Sätze mit den Versangaben hinter die Icons. Falls mehrere Stellen zugeordnet werden können, so notieren Sie alle Versangaben, die passen.*
3. *Zur Überprüfung oder auch als Hilfestellung zwischendurch können Sie sich das Lösungsblatt besorgen.*

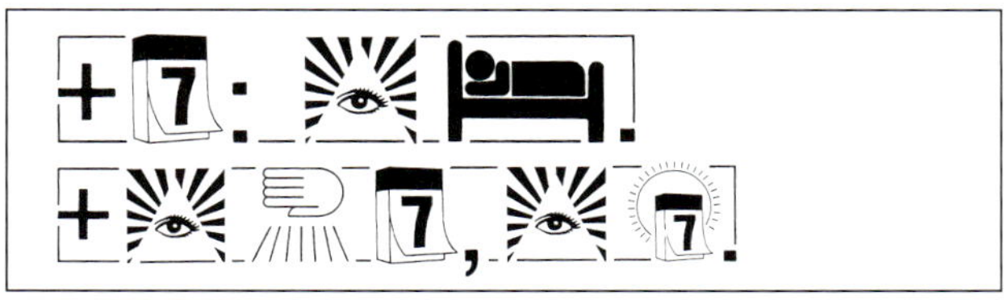

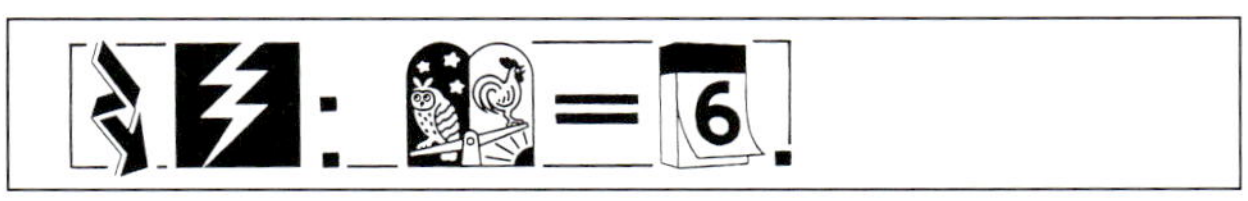

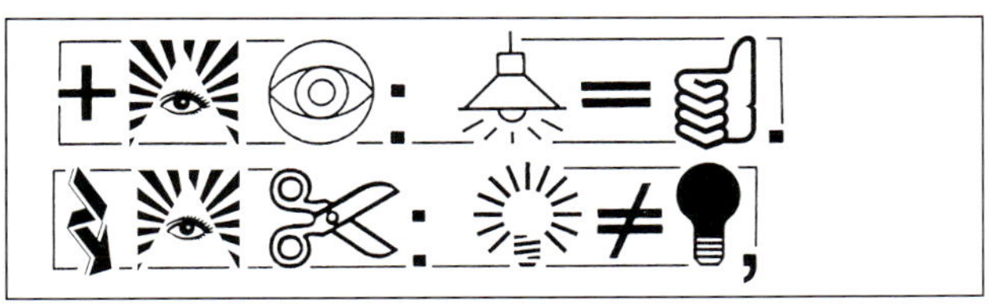

Lerntheke

# Station 9: Schöpfungserzählung in Form von Ikons (Lösungen)

Am 7. Tag ruhte Gott von all seinen Werken (Gen 2,2)

Und Gott segnete den 7. Tag und heiligte ihn (Gen 2,3)

Und Gott sah, dass es gut war! (Gen 1,12;18; 21;25, evtl. noch 1,4: Licht)

(und Gott sah) Alles, was er gemacht hatte
Es war sehr gut! (Gen 1,31)

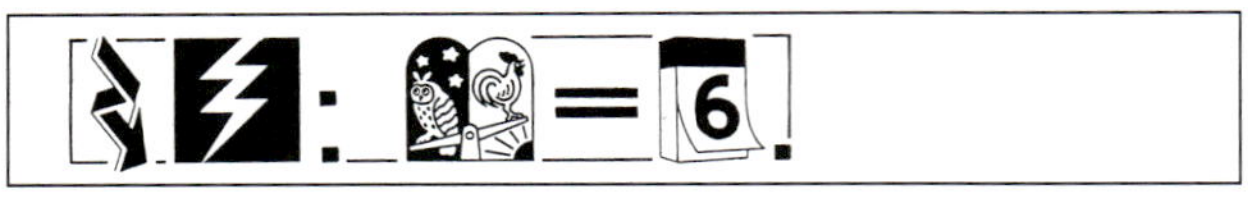

Es wurde Abend und es wurde Morgen, sechster Tag (Gen 1,31)

Und Gott segnete sie (Gen 1,22 und 1,28)

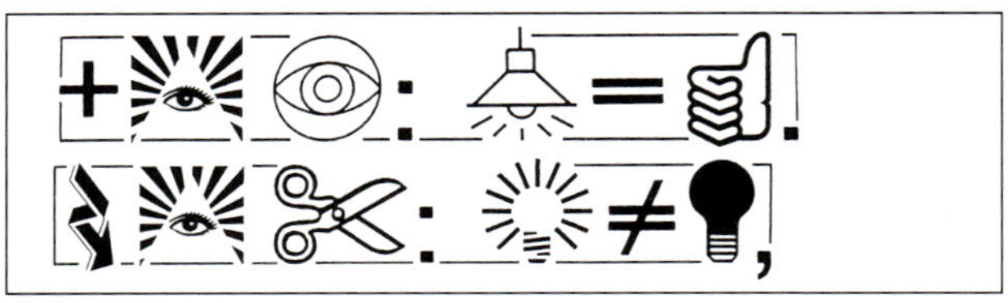

Und Gott sah, dass das Licht gut war. (Gen 1,4)

Da schied Gott das Licht von der Finsternis. (Gen 1,4)

Und Gott schuf: Alle gefiederten Vögel, einen jeden nach seiner Art. (Gen 1,20,2)

Und Gott nannte das Licht ‚Tag' und die Finsternis nannte er ‚Nacht'. (Gen 1,5)

Und Gott sprach: Seid fruchtbar und mehret euch! (Gen 1,28, evtl. auch Gen 1,22)

Eig. Übersetzung

Baustein 9

# Vorschläge zur Leistungsüberprüfung

In diesem Baustein werden verschiedene Leistungsüberprüfungselemente vorgestellt.

## Selbstevaluation

→ Arbeitsblatt 33, S. 99

SI SII

→ Kapitel 3

### Methodischer Kommentar

Der Selbstevaluationsbogen bildet eine Möglichkeit, durch die die Schüler ihr erworbenes Wissen noch einmal selbstkritisch reflektieren und sich auch mögliche Wissenslücken bewusst machen können. Mithilfe der angegebenen Hilfestellungen kann jeder Schüler seine ‚Lücken' selbstständig auffüllen. So sollen die Schüler ein gutes eigenes Einschätzungsvermögen für ihr Wissens erwerben.

## Trost und Trösten

→ Arbeitsblatt 34, S. 100

SI SII

### Methodischer Kommentar

Die erste ‚Schriftliche Übung' kann nach Abschluss von Baustein 3 geschrieben werden und bezieht sich auf den Themenschwerpunkt ‚Trost'. Die beiden lebensweltlich orientierten Aufgaben stellen ‚Anforderungssituationen' dar und regen die Jugendlichen an, ihr erworbenes Wissen praxisbezogen anzuwenden. Beide Aufgaben fordern das eigenständige Denken sowie die Reorganisation und somit nicht nur die reine Reproduktion von Wissen.

## E. Zenger. Die Schöpfungserzählung

→ Arbeitsblatt 35, S. 101

SI SII

### Methodischer Kommentar

Die zweite ‚Schriftliche Übung' bezieht sich auf die Bausteine fünf bis sieben. In der ersten Aufgabe wird die bislang ausgesparte Gegenüberstellung ‚Naturwissenschaft – Glaube' fokussiert. Durch den Text von Zenger werden die Spezifika des Zugriffs der Schöpfungserzählung auf die Wirklichkeit deutlich. In der zweiten Aufgabe sollen die Schüler aufgrund des Alltagsgegenstandes, einer Sonderbriefmarke mit dem Ischtartor, den Bezug zur Schöpfungserzählung im Zusammenhang darstellen.

## Päpstliche Bibelkommission. Kreationismus

→ Arbeitsblatt 36, S. 102

SI SII

### Methodischer Kommentar

In der Klausur für einen Kurs der Einführungsphase in der Oberstufe setzten sich die Schüler mit einer kreationistisch-fundamentalistischen Position auseinander und beziehen Stellung. Die Aufgabenstellung der letzten Aufgabe erwächst aus einer realen Anforderungssituation.

→ Zusatzmaterial 5, S. 103

## E. Bendemann. Trauernde Juden im Exil

SI SII

### Methodischer Kommentar

Eine **Leistungsüberprüfung** kann auf vielfältige Weise geschehen. Die Auseinandersetzung mit einem Kunstwerk bietet eine gute Möglichkeit, durch die Schüler ihr Wissen und ihre prozeduralen Fähigkeiten zeigen können. Zudem motiviert es meist dazu, das Wissen auch zu zeigen (volitionale Komponente einer Kompetenz). Im Folgenden wird ein Beispiele vorgestellt.

Hier wird das Kunstwerk eingesetzt, um den Schülern anhand einer Anforderungssituation eine Gelegenheit zu geben, erworbene Kompetenzen zu zeigen. Das Bild findet sich im Internet unter http://de.wikipedia.org/wiki/Eduard_Bendemann [14.10.2013].

→ Kapitel 3

Es hängt heute im Wallraf-Richartz-Museum in Köln. Es wird dazu folgende Anforderungssituation entwickelt:

- *Stellen Sie sich vor, Sie arbeiten als Museumsführer im Wallraf-Richartz-Museum in Köln und sollen interessierten Museumsbesuchern dieses Bild erläutern.*

  **1.** *Beschreiben Sie es gründlich.*

  **2.** *Erläutern Sie den historischen Hintergrund und die Ursachen für die Gesichtsausdrücke und Haltungen dieser Menschen.*

→ Baustein 5

Das Werk kann auch schon zu Beginn von Baustein 5 z. B. parallel zum Bibelvers 137,1 genutzt werden als Einstieg in die Exilsthematik. Vertiefende Informationen zum Werk und dem Kontext finden sich im **Zusatzmaterial 5**, S. 103.

# Selbsteinschätzungsbogen

*Kreuzen Sie an. Falls Sie Schwächen haben, machen Sie sich schlau.*
☺ *kann ich gut und sicher* 😐 *kann ich nur z. T.* ☹ *kann ich nicht*

| **Ich kann ...** | ☺ | 😐 | ☹ | **Mach Dich schlau** |
|---|---|---|---|---|
| wichtige Bedingungen für ein gutes Trostgespräch benennen. | | | | G. Langenhorst: AB 11<br>Station 2: AB 25 |
| Fehler benennen, die man beim Trösten machen kann. | | | | Trostflyer-Projekt: AB 8<br>Station 2: AB 25 |
| begründend erklären, welcher Begriff zu Genesis 1,1–2,4a besser passt: Erzählung oder Bericht. | | | | Station 8, AB 31 |
| zur Frage: „Lügen Eltern, wenn sie ihrem Kind sagen ‚Alles wird gut!"? begründet Stellung nehmen. | | | | P. L. Berger: AB 5a<br>Station 5: AB 28 |
| erklären, warum der Glaube – gerade auch bei Todesfällen und in schweren Lebenssituationen – Trost spenden kann. | | | | P. L. Berger: AB 5<br>W. Schmid: AB 6<br>Station 3: AB 26 |
| erläutern, warum das Wissen um die Entstehungssituation zum besseren Verständnis der Schöpfungserzählung Gen 1,1–2,4a führt. | | | | Station 8: AB 31 |
| die Entstehung der Schöpfungserzählung Gen 1,1–2,4a zeitlich einordnen. | | | | Gruppenpuzzlematerial:<br>AB 13–16 |
| erklären, warum das Babylonische Exil für die Juden im religiösen und politischen Bereich eine Krisenzeit war. | | | | Gruppenpuzzlematerial AB 13–16<br>Station 6: AB 29 |
| erklären, wie es zur Entstehung der Schöpfungserzählung (Genesis 1,1–2,4a) kam. | | | | Station 8: AB 31 |
| erklären, warum die Gefahr der Anpassung (Assimilation) an den Glauben der Babylonier so groß war. | | | | Station 8 und Gruppenpuzzle<br>AB 15 und 16 |
| entscheidende Unterschiede zwischen dem babylonischen Schöpfungsmythos und der priesterschriftlichen Schöpfungserzählung benennen. | | | | AB 22<br>Tabelle zum babylonischen und priesterschriftlichen Mythos |
| erklären, warum die Schöpfungserzählung (Genesis 1,1–2,4a) von den Juden als Trosterzählung und Hoffnungsgeschichte empfunden werden konnte. | | | | AB 19<br>Station 6: AB 29 |
| darlegen, warum die biblische Schöpfungserzählung ein Glaubenszeugnis ist und das Grundvertrauen in Gott stärken soll. | | | | Station 8: AB 31a–c<br>AB 19 |
| erklären, welches Lebensgefühl das Menschenbild in Genesis 1,1ff. bei den Juden hervorruft, und warum dies in ihrer Lage ‚tröstlich' wirken kann. | | | | Station 6: AB 29<br>AB 30 |
| die Sonderstellung des Menschen als ‚Abbild Gottes' in Genesis 1,1–2,4a erläutern. | | | | Station 7: AB 30 |
| die Bedeutung des Sabbats und der Synagoge erklären. | | | | Material Gruppen-Puzzle: AB 15<br>Station 8: AB 31 a–c |

# Schriftliche Übung: Schwerpunkt Trost

## Trostbild

*1. Sie möchten eine Internetseite zum Thema ‚Trösten' entwerfen und finden dieses Foto.*

*Würden Sie es verwenden?*
*Begründen Sie Ihre Entscheidung!*

## Interviews zum Thema ‚Trost und Trösten'

Im Magazin der Süddeutschen Zeitung (SZ) wurden 2013 Äußerungen von Menschen veröffentlicht, die Trost benötigten. Sie wurden nach Worten und Taten gefragt, die ihnen eine Hilfe waren bzw. die weniger hilfreich waren.

**RITA K.* ist vor zwei Jahren an Brustkrebs erkrankt und hat mehrere Operationen und Chemotherapien hinter sich.**

„Wenn ich am Heulen war, habe ich niemanden gebraucht, der mir ein Taschentuch nach dem anderen gibt. Sondern jemanden, der einfach nur bei mir war und es ausgehalten hat, dass ich alles rausgelassen habe. Je mehr man versucht, das mit Trost zu ersticken, desto mehr staut es sich. Wenn jemand auf so eine erdrückende Weise tröstet, das habe ich gelernt, kann er nicht mit dem Schmerz des anderen umgehen und tröstet eher sich selbst.

* Name geändert

**Nach 14 Jahren Ehe war Schluss: CHRISTIANE M.s* Mann zog aus, sie blieb mit den beiden Töchtern zurück.**

„Nach der Trennung hatte ich Selbstzweifel und Schuldgefühle. [...] Udo hatte einen eher spirituellen Rat: „Sieh die Trennung nicht als Niederlage. Sieh es so, dass eure Zeit abgelaufen ist." Mit ihm habe ich nach der Trennung auch Exerzitien im Alltag gemacht, kleine religiöse Meditationsübungen, bei denen es letzten Endes um die Omnipräsenz (*d. i. Allgegenwart*) Gottes geht. Den Gedanken, dass Gott immer bei mir ist, finde ich sehr hilfreich. [...]"

* Name geändert

**Ein halbes Jahr nach der Hochzeit starb der Mann der Schriftstellerin CONNIE PALMEN.**

„Alle versuchen einen zu trösten. Es ist für die Familie und die Freunde kaum auszuhalten, wie schlecht es einem geht. Aber in den ersten Monaten nach Hans' Tod wollte ich nicht getröstet werden. Die Trauer war das Einzige, was ich noch hatte – sie war meine Verbindung zu ihm. Trotzdem fand ich es wichtig, nicht allein zu sein. Man kann nicht für sich sorgen, das müssen andere tun. Am besten hält man die Menschen aus, die sich auf kranke Tiere verstehen. Die sich nicht schämen, einen anzufassen, einen zu drücken [...].

G. Herpell, J. Waechter, Zum Trost. in: SZ Magazin 15, München 2013, 24–28

*2. Stellen Sie in einem erläuternden Text dar, welche Erkenntnisse sich aus den Äußerungen der Betroffenen für das Trösten gewinnen lassen.*

BS 9

# Schriftliche Übung: Schwerpunkt Schöpfungserzählung

## Die Schöpfungserzählung

Um die biblische Schöpfungsgeschichte sachgemäß zu verstehen, ist es wichtig, ihre Sprachgestalt zu beachten. Das sind keine naturwissenschaftlichen Beschreibungen und Erklärungen, in denen uns Gott als Autor ein naturwissenschaftliches Wissen vermitteln will […].

Die Bibel beschreibt keine Naturgeschichte und liefert kein Schöpfungsprotokoll ab, sondern sie bezeugt uns die Liebe Gottes zur Erde als seiner Schöpfung und sie will uns aufmerksam machen auf das, was unsere Erde und unser Mensch-Sein bestimmt und auszeichnet. Während wir Europäer […] auf die Frage nach dem Wesen der Erde und des Menschen mit satzhaften Definitionen antworten, zieht es der im Orient lebende Mensch vor, eine Geschichte zu erzählen. Und wenn es um das geht, was grundsätzlich und immer gilt und gelten soll, ist es eine Erzählung über den Anfang der Erde und der Menschen. Wir sagen: Die Erzählung spielt in der Ur-Zeit und wir nennen solche Geschichten deshalb auch Ur-Geschichten. […]

Sie reden nicht darüber, wie es zu dieser Welt *gekommen* ist, sondern wie diese Welt „eigentlich" *ist*, wie der Mensch sie und sich in ihr sehen soll und vor allem: wie Gott zu dieser Welt, seit es sie gibt, steht. Sie verkünden, dass er sie von Anfang an und solange es sie gibt liebt und am Leben erhält. […] Es geht also nicht um die Frage, wann und wie ‚alles' entstanden ist, sondern um den Anfang der bleibenden Zuwendung Gottes zu unserer Erde und zu allem Lebendigen auf ihr. […]

Die biblische Schöpfungsgeschichte ist eine kunstvoll gestaltete Bildgeschichte […].

E. Zenger: Theologische Grundlagen: Gottes Schöpfung – Lebenshaus für alle. Die Botschaft der biblischen Schöpfungstheologie, in: M. Kappes (Hg.): Gottes Schöpfung feiern und bewahren, ACK-NRW, Münster ²2011, 8f.

**1.** *Tragen Sie in einer Zweispaltentabelle zusammen,*

*a) was die Schöpfungsgeschichte nicht ist und worüber sie nicht redet.*
*b) wie die biblische Erzählung richtig zu verstehen ist.*

## Faszinierende Briefmarke

Kürzlich erreichte mich mit der Post die abgebildete Briefmarke.
„Toll, die kann ich gut für meinen Unterricht zur Schöpfungserzählung gebrauchen!" sagte ich begeistert.

„Was ist das denn? Kenn ich gar nicht!
Und was soll das mit der Schöpfung zu tun haben?"
fragte unser Sohn.

**2.** *Geben Sie dem Sohn auf beide Fragen eine Antwort.*

# Schriftliche Übung: Kreationismus

*In den USA wird der Schöpfungstext mit der Aussage der Schöpfung der Welt in sieben Tagen heftig diskutiert. Fundamentalistische Kreationisten fordern, dass der ‚Schöpfungsbericht' (so nennen sie ihn) im Biologieunterricht gleichwertig mit der Evolutionslehre unterrichtet werden soll oder ihn sogar ganz ersetzen soll.*
*Bereits 2006 vertraten 32 % der Amerikaner den Standpunkt der Kreationisten, nach dem die Welt in einzelnen Schöpfungsakten (den biblischen Schöpfungstagen entsprechend) erschaffen wurde. Die aus dem evangelischen Bereich erwachsene Richtung der Kreationisten breitet sich zunehmend auch in katholischen amerikanischen Kreisen aus.*
*Aufgrund dieser Entwicklung sah sich die ‚Päpstliche Bibelkommission' bereits 1993 veranlasst, ein Schreiben zur ‚Interpretation der Bibel in der Kirche' herauszugeben, um der Ausbreitung der fundamentalistischen Position entgegenzuwirken.*

„[…] Er (d.i. der Fundamentalismus) hat deshalb die Tendenz, den biblischen Text so zu behandeln, als ob er vom Heiligen Geist wortwörtlich diktiert worden wäre. Er sieht nicht, dass das Wort Gottes in einer Sprache und in einem Stil formuliert worden ist, die durch die jeweilige Epoche der Texte bedingt sind. Er schenkt den literarischen Gattungen und der menschlichen Denkart, wie sie in den biblischen Texten vorliegen, keinerlei Beachtung, obschon sie Frucht einer sich über mehrere Zeitepochen erstreckende Erarbeitung sind und Spuren ganz verschiedener historischer Situationen tragen.

Der Fundamentalismus betont über Gebühr die Irrtumslosigkeit in Einzelheiten der biblischen Texte, besonders was historische Fakten oder sogenannte wissenschaftliche Wahrheiten betrifft. Oft fasst er als geschichtlich auf, was gar nicht den Anspruch auf Historizität erhebt; denn für den Fundamentalismus ist alles geschichtlich, was in der Vergangenheitsform berichtet oder erzählt wird, ohne dass er auch nur der Möglichkeit eines symbolischen oder figurativen Sinnes die notwendige Beachtung schenkt. […]"

Sekretariat der Deutschen Bischofskonferenz (Hg.), Päpstliche Bibelkommission: Die Interpretation der Bibel in der Kirche – Ansprache Seiner Heiligkeit Johannes Paul II, Bonn ²1996, 62

1. *Geben Sie mit eigenen Worten das Bibelverständnis der Fundamentalisten (besonders im Hinblick auf den Schöpfungstext, gemeint ist Gen 1,1–2,4a) wieder.*
2. *Die ‚Päpstliche Bibelkommission' nimmt Stellung und formuliert ihre Forderungen zum Umgang mit biblischen Texten. Arbeiten Sie diese aus der Stellungnahme heraus.*
3. *Während eines Schüleraustausches in den USA sagt ein Mitschüler zu Ihnen: „Die Welt wurde in sieben Tagen erschaffen. So steht es in der Bibel und darum ist es auch so!" Es kommt zu einer Diskussion über das richtige Verständnis der Schöpfungserzählung, in der Sie Ihr Hintergrundwissen zu Genesis 1,1–2,4a darlegen. Halten Sie diese Gedanken schriftlich fest und zeigen Sie auch auf, inwiefern Ihre Interpretation der Schöpfungserzählung die Forderungen der Bibelkommission berücksichtigt.*

# Hintergrundinformationen zum Werk von E. Bendemann

*Das monumentale Ölgemälde ‚Trauernde Juden im Exil' (183 x 280 cm) ist eines der wichtigsten Werke von ihm. Eduard Bendemann hat sich hier mit der Thematik des jüdischen Exils intensiv auseinandergesetzt.*

Die Trauer der Juden wird auf dem Gemälde von 1832 erst beim genaueren Hinsehen erkennbar. Die Frau rechts im Bild sitzt mit niedergeschlagenen Augen da. Sie ist als einzige der Gruppe dem Betrachter zugewandt. Ihren Kopf stützt sie mit der linken Hand ab. Dieser Gestus wird seit der Antike verwendet, um Schwermut darzustellen.
Die Körperhaltung des jungen Mädchens, das seinen Oberkörper auf das linke Knie des Mannes stützt, deutet an, dass es seinen Tränen freien Lauf lässt. Als einzige gibt sie sich damit ihren Gefühlen hin. Der Alte, der beruhigend seine Hand auf die Schulter des Mädchens legt, wendet sich zur jungen Frau mit dem Kind. Voll Sorge, einer Prophetenfigur ähnlich, ist der Gesichtsausdruck des Mannes. Nach vorn gebeugt sitzt er da: Verzweiflung drückt ihn nieder. Die Harfen auf dem Bild zeigen den Bezug zu Ps 137,2 und 4: „Wir hängten unsere Harfen an die Weiden in jenem Land [...] Wie könnten wir singen die Lieder des Herrn fern, auf fremder Erde?" Im Bildhintergrund sieht man einen Fluss und die prächtigen Bauten der Stadt Babylon in Anspielung an Ps 137,1.
Die junge, madonnenähnliche Frau auf der linken Seite leidet still und starrt vor sich hin. Trotz der Trauer hält sie ihr Kind liebevoll im Arm. Selbst das Kind scheint die bedrückende Atmosphäre zu spüren, es schmiegt sich Trost suchend an die Mutter. Die in sich zusammengesunkenen Personen scheinen nichts mehr zu erwarten, sie haben aufgegeben. Ihre Blicke schweifen ziel- und haltlos im Raum umher: Was sehen sie? Was denken die Personen?
Der ‚zweite Blick' zeigt: Das Bild strahlt Mattigkeit, Lethargie, Trost- und Hoffnungslosigkeit aus.

Nach: N. Brandenmüller: „Die trauernden Juden im Exil" – Ein Thema der Europäischen Malerei im 19. und 20. Jahrhundert, Dissertation in der Philosophisch Fakultät, Nürnberg 2007

**Eduard Bendemann** wurde 1811 als Sohn einer jüdischen Bankiersfamilie in Berlin geboren. Seine Eltern konvertierten vor seiner Geburt zum Christentum. 1827 nahm E. Bendemann sein Studium an der Kunstakademie Düsseldorf auf. Später arbeitete er als freischaffender Künstler und als Hochschullehrer in Düsseldorf. Bendemann starb 1889.
Sein Werk „Trauernde Juden im Exil" erzielte nachhaltige Wirkung in der Kunst. Experten sind sich einig, dass kein anderes Gemälde zu dieser Thematik so viele Nachahmungen erfuhr und kein anderes Gemälde zum ‚Exil' eine solche Popularität erreichte.
Aufgrund seiner jüdischen Wurzeln wurde die Kunst Bendemanns durch die Nationalsozialisten als ‚minderwertig' abgelehnt. Das Gemälde ‚Trauernde Juden im Exil' befindet sich heute im Wallraf-Richartz-Museum in Köln.